DUMONT

Wer kennt ihn nicht, den lästigen Kampf mit den Pfunden, das ständige Ringen um die »gute Figur«? Eine schier unüberschaubare Menge von Ratgebern, Diätvorschlägen und gut gemeinten Hinweisen versucht uns dabei zu vermitteln, wie man es richtig angehen sollte: diszipliniert, enthaltsam und meist ohne viel Vergnügen.
Christina Horn zeigt mit dem Anti-Diät-Club, dass es auch anders geht, und zwar mit der Mentalität, die sich Lebensfreude und Genuss zum Gesetz gegeben hat – der rheinischen!
Entlang des »Kölschen Grundgesetzes« beschreibt die Autorin, wie man es auch ohne strenge Diät schafft, sich in seiner Haut wohlzufühlen, und wie nicht nur das Ziel, sondern auch der Weg selbst Anlass zur Freude bietet: mit gesunder Ernährung, ausreichend Bewegung und ab und zu auch mal einer kleinen Näscherei. Mit dem Anti-Diät-Club wird eine gesunde Lebensweise zur puren Freude!

Website zum Buch:
www.adc-buch.de

Website des Anti-Diät-Clubs:
www.ksta.de/adc

Christina Horn wurde 1981 in Köln geboren und studierte Literary, Cultural and Media Studies an der Universität Siegen. Seit 2008 ist sie Mitarbeiterin beim Magazin des »Kölner Stadt-Anzeigers« und leitet den Anti-Diät-Club.

Christina Horn

Der Anti-Diät-Club

Abnehmen mal anders

Der Anti-Diät-Club des »Kölner Stadt-Anzeigers«
wird unterstützt von der Pronova BKK.

Originalausgabe
Oktober 2010
© 2010 DuMont Buchverlag, Köln
Alle Rechte vorbehalten
Umschlag: Zero, München
Umschlagabbildung: FinePic®, München
Gesetzt aus der Adobe Caslon und der The Sans
Satz: Angelika Kudella, Köln
Druck und Verarbeitung: CPI – Clausen & Bosse, Leck
Gedruckt auf säurefreiem und chlorfrei gebleichtem Papier
Printed in Germany
ISBN 978-3-8321-6120-0

www.dumont-buchverlag.de

Für Reinhold

INHALT

Vorwort von Konrad Beikircher 9

1: Et es, wie et es 11
Es ist, wie es ist. Sehen Sie den Tatsachen ins Auge.

2: Et kütt, wie et kütt 23
Es kommt, wie es kommen wird. Wenn man nichts gegen die Kilos tut, passiert auch nichts. Wie Sie mehr Schwung und Bewegung in Ihr Leben bringen.

3: Et hät noch immer jot jejange 36
Es ist noch immer gut gegangen. Verbote nützen nichts. Wichtig ist, beim Abnehmen nicht zu streng zu sich selbst zu sein.

4: Wat fott es, es fott 54
Was fort ist, ist fort. Verabschieden Sie sich von Ihren alten Ernährungsgewohnheiten.

5: Et bliev nix, wie et wor 83
Nichts bleibt, wie es war: Leben bedeutet Veränderung. Wie Sie Ihre guten Vorsätze in die Tat umsetzen und was Ihnen dabei hilft.

6: Kenne mer nit, bruche mer nit, fott domet 110
Kennen wir nicht, brauchen wir nicht, weg damit. Elf Irrtümer rund ums Abnehmen.

7: Wat wells de maache? 116
Was willst du machen? Lernen Sie, das an Ihrer Figur zu akzeptieren und zu lieben, was Sie nicht ändern können.

8: Maach et jot, ävver nit zo off! 132
Mach es gut, aber nicht zu oft. Maßhalten ist das Geheimnis des Abnehmens.

9: Wat soll dä Käu? 147
Was soll der Quatsch? Warum Crash-Diäten, Light-Produkte und Wunderpillen nichts bringen.

10: Drinks de eine met? 162
Trinkst du einen mit? Warum Trinken für das Abnehmen wichtig ist.

11: Do laachs de dich kapodd 174
Da lachst du dich kaputt. Mit Humor fällt das Abnehmen leichter.

Kalorienbewusste Kölsche Kochrezepte 184
Hinweis 189
Ein Dankeschön 189

VORWORT

Wer weiß wofür't jot es

Das hat mir noch gefehlt, dachte ich, ein kölsches Buch übers Abnehmen, und fing an zu lesen. Das hat mir tatsächlich noch gefehlt, stellte ich fest, als ich zu Ende gelesen hatte, so angetan war und bin ich. Ich war ja immer schon ein Diätgegner, weil das nie hinhaut und weil das Einzige, was von Diäten bleibt, neue Kilo und ein fader Geschmack im Mund sind.

Jetzt aber halte ich ein Buch in Händen, in dem das alles so steht, wie ich es lesen will. Wunderbar. Und mehr: Es stehen Tipps drin, die mit meiner Lebensart, der rheinisch-mediterranen, übereinstimmen. Auf Essen und Abnehmen mit Fanatismus losgehen ist was für Bitterwurzen, Hagestolze und Lustverächter. Unsereins isst gerne und lustvoll, da ist es klar, dass das ein oder andere »hängen« bleibt. Und wenn dann davon wieder was weg soll, geht das auch besser, wenn man es mit Lebensfreude tut (die ja wächst, wenn die Beweglichkeit wieder zunimmt, ich sage nur: Schnürsenkel!). Die Tipps in diesem Buch sind genau der rheinisch-mediterranen Lebensart angepasst: Es muss Spaß machen, man tut es auch nicht allein so vor sich hin, sondern zusammen mit anderen, und man tut es mit kölschem Augenzwinkern. Da sind insbesondere die adipösen Anekdötchen köstlich: Sie erzählen von anderen, packen aber dich an der Nase und zeigen dir, wie komisch das alles sein kann und wie virtuos auch du dich selbst betrügst. Ist das nicht zum Schreien: Du kriegst es gar nicht mit, obwohl du dich selbst betrügst. Nee, nee, wat es dr Minsch e Dier! Einmalig! Dieses Buch von Christina Horn hat ein großes Verdienst: Es packt ein lebenswichtiges Thema mit Humor an, und deshalb liest man es gerne, auch da, wo es ein bisschen zwickt. Und es zeigt, dass man auf lockere kölsche Art dem Ziel näher kommt als mit hochdeutscher Verbissenheit. Und dat es schön, weil: so jeiht et besser! In diesem Sinne wünsche ich Ihnen Spaß beim Lesen, Lust am Abnehmen und Freude am Essen!

Konrad Beikircher

1: ET ES, WIE ET ES

Es ist, wie es ist. Sehen Sie den Tatsachen ins Auge.

»Anti-Diät, wieso denn Anti-Diät? Was ist dieser Club, und warum heißt er so?« Das sind die meist gestellten Fragen bei allen Kochkursen, Walking-Tagen und sonstigen Veranstaltungen des Anti-Diät-Clubs. Geht es bei dieser Vereinigung um die völlige Völlerei? Um »rund – na und«-Ideologien? Um konspirative Sport-ist-Mord-Gedanken?

Alles falsch. Der erste und einzige Club des »Kölner Stadt-Anzeigers« heißt Anti-Diät-Club, weil Diäten schlichtweg nicht funktionieren. Weil sie dick, krank und unglücklich machen und deshalb sinnlos sind. Gegen Diäten, aber für bewusste Ernährung und mehr Bewegung – so lassen sich die Ziele des Clubs zusammenfassen.

Inzwischen zählt der Anti-Diät-Club mehr als 8000 Mitglieder in Köln und Umgebung. Ihnen geht es um die gemeinsame sportliche Bewegung, um Informationen über gesundes Essen und natürlich um das Thema Abnehmen. Bei den monatlichen Clubabenden, bei denen Experten Vorträge zu den Themen Ernährung und Bewegung halten, taucht immer wieder eine Frage auf: Wie schafft man es, auf Dauer schlank und fit zu werden und zu bleiben, ohne sich ständig quälen zu müssen? Genau um diese Frage soll es in diesem Buch gehen.

Bei der Beantwortung hilft uns das »Kölsche Grundgesetz«. Für alle Nichtrheinländer: Dieses Gesetz gibt es wirklich. Es besteht aus elf Artikeln, die für rheinische Lebensfreude und heitere Gelassenheit stehen. Sie lauten: Et es, wie et es, Et kütt, wie et kütt, Et hät noch immer jot jejange, Watt fott es, es fott, Et bliev nix, wie et wor, Kenne mer nit, bruche mer nit, fott domet, Wat wells de maache?, Maach et jot, ävver nit zo off!, Wat soll dä Käu?, Drinks de eine met? und Do laachs de dich kapodd. Das Pamphlet, aufgeschrieben auf Papier, findet sich in unzähligen Kölner Kneipen, privaten Partykellern und Touristenshops. Bei mir zu Hause steht es eingerahmt im Wohnzimmerregal. Es gibt sogar verschiedene Versionen des Gesetzes, und auf der Suche nach dem Verfasser reichen die Angaben von »unbekannt« bis zu »Konrad Beikircher.« Der Bonner Kabarettist mit Südtiroler Wurzeln hat jedenfalls fünf dieser Gesetzesartikel 2001 in seinem Buch »Et kütt wie't kütt – Das Rheinische Grundgesetz« zusammengefasst.

»Iss wat de wills, und hör up, wenn de satt bes«
Interview mit Konrad Beikircher, Kabarettist, Musiker und Autor

Herr Beikircher, Sind Sie tatsächlich der Urvater der »Kölschen Grundgesetz«-Idee? Ja, das kann man so sagen. Obwohl: Ich selbst habe diese Sprüche und Redensarten ja nicht erfunden, sondern ich bin psychologisch an die Sache herangegangen. Seit über 20 Jahren befasse ich mich mit der rheinländischen Mentalität. Und Redensarten entstehen ja nicht durch Zufall, sondern weil sie für die Menschen in der Region eine Bedeutung haben, weil sie eine gewisse Art zu leben ausdrücken. Im Rheinland sind das ja fast schon buddhistisch anmutende Lebensmaxime wie »Et es, wie et es« und »Et kütt, wie et kütt«. Das »Kölsche Grundgesetz« verdeutlicht die zentral gelebten Punkte hier im Rheinland, und in meinem Alltagsleben sehe ich dieses Gesetz auch jeden Tag aufs Neue bestätigt.

Das »Kölsche Grundgesetz« hat inzwischen ja viele Fans. Zwischen der Eifel und dem Westerwald hängen die elf Artikel in so gut wie jedem Hobbykeller und in jeder zweiten Kneipe. Freut Sie das? Natürlich. Wenn Sie so wollen, habe ich dem Kölner den Stolz auf seine Lebensmaxime zurückgegeben. Offenbar musste erst ein Ausländer, ein Südtiroler wie ich, ins Rheinland kommen, um dies zu tun. Sogar am Köln-Bonner Flughafen stehen inzwischen elf Tafeln, die das »Rheinische Grundgesetz« verkünden. Wenn ich ehrlich bin, hätte ich mich über einen klitzekleinen Hinweis auf meine Wenigkeit dort an den Tafeln schon gefreut. Aber viel wichtiger ist, dass das Gesetz von den Menschen hier mit Leben gefüllt wird.

Welcher ist Ihr Lieblingsartikel? Artikel 3: »Et hät noch immer jot jejange«, denn wie der Rheinländer an sich bin auch ich unerschütterlicher Optimist. Obwohl das in unserer Welt heutzutage schwierig und manchmal vielleicht sogar schwachsinnig erscheinen mag. Aber diese mediterrane Lebenseinstellung, die liegt mir. Man staunt doch immer wieder, was alles möglich ist in so einem Menschenleben.

Kölsch und gleichzeitig mediterran – wie passt denn das zusammen? Dem Rheinländer ist die mediterrane Idee ja quasi implantiert. Er denkt sich: Ich will es jetzt schön haben. Jetzt und hier, nicht erst später oder irgendwann. Und wenn er an Karneval kein Geld hat, dann nimmt er dafür im Notfall eben einen Kleinkredit auf. Das würde ein Hannoveraner nie tun, ein Neapolitaner dagegen schon. Wenn dieser an Weihnachten kein Geld für eine Krippe hätte, würde er sich auch welches leihen. Das mag jetzt alles ein wenig kabarettistisch überhöht sein, dennoch ist meines Erachtens der Rheinländer der einzige Deutsche mit mediterranen Zügen.

Wie hält es der Rheinländer denn mit dem Abnehmen? Das ist schwierig, so ein Kölsch passt schließlich immer. Ich persönlich habe mich immer schon über Diäten aufgeregt. Da gibt es ja inzwischen Varianten und Perversionen, also fast nichts mehr, was es nicht gibt. Dabei ist das Ganze doch eigentlich nicht schwer, ich habe es vor längerer Zeit schon einmal auf eine einfache Formel gebracht: »Iss wat de wills, un hör up, wenn de satt bes«. Doch das allein ist ja schwer genug, dieses Genießen mit Contenance. Wer sich an diese Formel hält, braucht keine Diät mehr. Denn Genuss bedeutet ja nicht, sich den Bauch vollzuschlagen. Doch ich weiß, das ist schwierig in unserer heutigen von Fast Food beherrschten Zeit. Es gehört einfach zu unseren Gewohnheiten, sich gerne und oft voll und satt zu essen, nicht nur bei den Festessen in der Weihnachtszeit. In anderen Kulturen, etwa in Japan, ist das ja ganz anders.

Wie schaffen Sie es, Ihr Gewicht zu halten? Ich finde es wichtig, auf die natürlichen Grenzen und Zeichen des eigenen Körpers zu hören. Dabei gelingt mir selbst das auch nicht immer. Auch ich habe Exzess-Zeiten und kontrolliere mich generell nicht gern. Abends Rotwein mit einem Stück Käse – das schmeckt doch einfach.

Abnehmen mal anders: Ich möchte die Artikel des »Kölschen Grundgesetzes« aufnehmen, denn der Anti-Diät-Club und die Richtlinien der kölschen Lebensart passen prima zusammen, wie Sie beim Lesen noch merken werden. Rheinländer gelten als tolerante, positiv denkende Frohnaturen, die gerne Kölsch trinken, gerne feiern und das Leben genießen. Klischees hin oder her, wichtig ist: Die Rheinischen Lebensprinzipien kann sich jeder zunutze machen. Gerade im Kampf gegen die Kilos.

Denn wir kennen es doch alle: Jacketts, Blusen und Jeans lassen sich scheinbar urplötzlich nicht mehr ohne Atemnot schließen, weiche Speckröllchen haben die Körpermitte in Beschlag genommen, und an den Oberarmen hat sich mit den Jahren Winkfleisch angesetzt. Noch nie gehört? Das ist die Hautpartie am Arm, die immer noch winkt, wenn Ihr Arm schon längst damit aufgehört hat.

Wenn sich also mit den Jahren Ihr Bizeps in Winkfleisch verwandelt hat oder der Waschbrettbauch zum Schnitzelfriedhof mutiert ist und Sie das wirklich stört, dann hilft erst mal nur eines – den Tatsachen ins Auge zu sehen. Et es wie et es. Selbstbetrug bringt nichts. Gestehen Sie sich ein, dass Sie etwas an Ihrem Körper ändern wollen, und legen Sie los. Sätze wie »morgen fange ich an« streichen Sie ab sofort aus Ihrem aktiven Wortschatz und aus Ihren Gedanken. Fangen Sie jetzt, hier und heute, mit Ihrem neuen Leben an. Schieben Sie Ihr Abnehmvorhaben nicht länger vor sich her. Denn: Der Weg zum Wohlfühlgewicht muss nicht steinig sein. Der Anti-Diät-Club und das »Kölsche Grundgesetz« helfen Ihnen, die zusätzlichen Kilos loszuwerden, ganz ohne moralischen Zeigefinger, ohne Kalorien zu zählen und ohne strenge Diätpläne.

Machen Sie sich gleich zu Anfang klar: Diäten helfen nicht. Oder besser gesagt, nicht langfristig. Werden dem Körper tage- oder sogar wochenlang sehr wenige Kalorien zugeführt – egal ob in Form von Kohlsuppe, Eiern oder Ananas, schaltet der Organismus auf Sparflamme. Er denkt sich: »Achtung, Dürreperiode!«, und fängt an, weniger zu verbrennen. Es ist das alte Lied. Sobald die Motivation bröckelt und man beginnt, wieder so zu essen wie vorher, speichert der Körper die zugeführte Energie für eventuelle weitere schlechte Zeiten, und der oder die unglückliche Diäthaltende wiegt dann oft sogar noch mehr als vor der Abnehmkur. Mit jeder Diät verringert sich Ihr

Grundumsatz – Sie verbrennen nach den Tagen des Darbens noch weniger Kalorien als zuvor. Der Jo-Jo-Effekt lässt grüßen.

Fast jeder, der bereits eine Diät hinter sich hat, weiß aus leidvoller Erfahrung: Die harte Zeit der Entbehrung lohnt sich meist nicht. Diäten machen langfristig nur noch dicker, und in den schlimmsten Fällen sogar krank, weil sie den Stoffwechsel belasten. Eine Diät, egal in welcher Form auch immer, ist meist nichts anderes als eine Fehlernährung, der Körper wird aufgrund der stark gedrosselten Kalorienzufuhr mit Nährstoffen unterversorgt. Diäten sind also keine Lösungswege im Kampf gegen die Kilos, meist machen sie alles nur noch schlimmer.

Das führt uns zurück zum Anti-Diät-Club, denn Sie fragen sich bestimmt noch immer, was dieser Club denn nun genau ist. Der Anti-Diät-Club ist ein Angebot für alle, die abnehmen und sich wohlfühlen wollen, allerdings ohne Verzicht. Die nicht auf Diäten oder strenges Kalorienzählen setzen, sondern die ihr Ziel mit bewusster Ernährung und ausreichender Bewegung erreichen wollen. Dabei helfen die ehrenamtlichen Clubpaten. Sie betreuen jeweils eine Anti-Diät-Club-Gruppe in ihrem Stadtteil, in der sich Mitglieder etwa zum gemeinsamen Walking treffen. Weitere regelmäßige Veranstaltungen sind Clubabende, Kochkurse, Grillabende, Wanderungen und Fitnessangebote. Die Berichte zu den Clubveranstaltungen erscheinen regelmäßig im Magazin des »Kölner Stadt-Anzeigers«.

Die Entstehung des Clubs

Gegründet wurde der Anti-Diät-Club im Jahr 2006. Und auch heute noch sorgt der Name für regen Diskussionsstoff. »Ist das ein Club, in dem ich immer nur essen muss?«, kommt oft von den Veranstaltungsteilnehmern als halb ernst gemeinte Frage. »Wir wollten mit der Bezeichnung unbedingt suggerieren, dass eine Wohlfühlfigur viel erstrebenswerter ist als jedes vermeintliche Idealgewicht«, klärt Anti-Diät-Club-Gründerin Marie-Anne Schlolaut das Namensrätsel auf. Bloß keine Diät, sondern Abnehmen und Wohlfühlen ohne Verzicht – das sollte das Motto des Leserforums für Abnehminteressierte sein, und so kam Franz Sommerfeld, ehemaliger Chefredakteur des »Kölner Stadt-Anzeigers«, schließlich auf den Namen »Der Anti-Diät-Club«. Ziel war und ist es, den Teilnehmern zu helfen, ihre Lebensgewohnheiten umzustellen und dennoch Spaß dabei zu haben.

Die Erfolgsgeschichte des Clubs erklärt sich für die Gründerin Marie-Anne Schlolaut mit dem großen Interesse der Mitglieder. »Das Thema Abnehmen beschäftigt die Menschen stark in ihrem Alltag. Jeder will gesund und attraktiv sein, wir definieren uns heute stark über unsere Figur. Gutes Aussehen wird mit Erfolg gleichgesetzt, überflüssige Pfunde dagegen oft mit Disziplinlosigkeit.«

Adipöses Anekdötchen: Im Diätendschungel
Ich gehörte noch nie zu den Schlanken dieser Welt. Schon als Kind musste ich mich mit der Tatsache abfinden, dass ich im Sportunterricht von meinen Klassenkameraden immer als Letzte in die Völkerballmannschaft gewählt wurde. Verständlich, denn als dickes Kind war es für mich nicht leicht, dem Ball so flink und gazellenartig auszuweichen, wie meine Mitschüler es konnten. Meine Sportnote setzte sich überwiegend aus der Gutmütigkeit der Lehrerin und meinem Sozialverhalten zusammen. Bereits mit zehn Jahren musste ich lernen: Wenn es mir schon nicht gelingt, meinen kleinen schweren Körper über die Hochsprung-

stange zu wuchten, dann wird zumindest von mir verlangt, dass ich am Schluss der Stunde die blauen Turnmatten wegräume. Um meinem Gewicht zu Leibe zu rücken, probierte ich es dann, als ich älter wurde – natürlich – mit Diäten. Doch wenn ich ehrlich bin, habe ich Abnehmkuren wie die »magische Kohlsuppen-Diät« nie länger als eine Woche durchgehalten. Es ist auch schwierig, ein Geheimnis daraus zu machen, warum ich jeden Tag eine Kohlsuppe in die Büromikrowelle schiebe. Und fünfmal am Tag unauffällig für eine lange Sitzung aufs Klo verschwinden, das konnte ich auch nicht. Nach einer Woche war ich den Kohlgestank leid – in jeglicher Form.

Kurz war auch meine Erfahrung mit der Kiwi-Diät, bei der es galt, bis mittags nur Kiwis zu essen. Das habe ich genau Montag und Dienstag geschafft.

Mein nächster Versuch: Die Ananas-Diät, bei der man nach jeder Mahlzeit Ananas essen muss. Die Enzyme sollen angeblich das Fett aus dem Essen zunichtemachen. Ananas ist gesund und lecker, aber ich musste erfahren, dass die süße Südfrucht das Fett, das sich in einem Burger befindet, leider auch nicht vernichten kann.

Schlank sein wie die Stars, das verspricht die Hollywood-Diät. Die machte aber auch auf Dauer keinen Spaß. Viele exotische Früchte und Eier standen auf dem Speiseplan. Doch auch mit dieser Methode kam ich an das Gewicht von Angelina Jolie nicht heran – meine Waage zeigte immer noch mindestens so viel an, wie Angelina zu der Zeit ihrer Zwillingsschwangerschaft gewogen hatte. Et es wie et es – auch heute noch. Da steht einfach eine viel zu große Zahl auf der Anzeige meiner Waage. Bei Ihnen auch? Beruhigen Sie sich. Wirklich ernst wird es erst bei folgenden Symptomen:

- *wenn Ihr Bauch größer ist als Ihr Busen;*
- *wenn Sie froh sind, dass der Badezimmerspiegel beschlagen ist, wenn Sie nach dem Duschen nackt daran vorbeigehen;*
- *wenn Ihre Kleidung Ihnen so langsam Atemnot bereitet;*
- *wenn Sie ausrangierte Klamotten geschenkt bekommen, die Ihre dicke Tante nicht mehr anzieht;*
- *wenn Sie auf der Straße ständig auf der Suche sind nach extrem dicken Mitmenschen, weil Sie sich dann in Gedanken sagen können: »Der oder die ist fetter als ich!«;*
- *wenn Ihre Spitznamen immer etwas mit Essen zu tun haben: »Mein Dominosteinchen, mein Plunderteilchen, meine Zuckerschnute ...«;*
- *wenn Sie jemandem Ihr Gewicht verraten und diese Zahl gleichzeitig der Notruf sein könnte. Egal ob 110 oder 112.*

Spaß beiseite: Es wird auf jeden Fall Zeit, etwas zu tun, wenn Sie unglücklich sind.

Von Stefani Müller, Anti-Diät-Club-Mitglied. In manchen Nächten wird sie noch immer von ihren Kohlsuppen-Diät-Albträumen geweckt.

Wenn Diäten also nichts bringen, wie kann es dann klappen mit dem Abnehmen? Auf Dauer hilft nur eine langfristige Lebensumstellung, die sich sowohl auf die Ernährung als auch auf die Bewegung bezieht. Aber dazu später mehr. Zunächst ist doch viel interessanter, woher Ihr persönliches Übergewicht überhaupt kommt. »Ich esse doch gar so viel und nehme trotzdem nicht ab«, denken viele insgeheim. Sie auch? Falls ja, fangen Sie noch heute an, ein Ernährungsprotokoll zu führen. Greifen Sie, nachdem Sie diese Zeilen gelesen haben, zu Stift und Papier, und schreiben Sie alles auf, was Sie heute gegessen haben. Notieren Sie jeden Bissen, auch jedes Bonbon und jeden Kaugummi. Freunde der modernen Technik können wahlweise auch jede Mahlzeit, jeden Snack, den sie verzehrt haben, mit dem Handy fotografieren. Das Aufschreiben und Knipsen dient nicht dazu, Ihnen ein schlechtes Gewissen zu bereiten, Sie sollen sich lediglich bewusst machen, was und welche Mengen Sie tatsächlich täglich essen. Führen Sie das Protokoll mindestens eine Woche lang. Sie brauchen die Zettel niemandem zu zeigen, schreiben Sie alles ganz persönlich nur für sich auf. Oft ist uns nämlich gar nicht bewusst, was wir uns täglich alles so in den Mund schieben. Das Stück Kuchen von der Bürogeburtstagsfeier, die Chips abends vor dem Fernseher, die Bratwurst nach Feierabend an der Ecke – wir essen, oft nebenbei, und gerade das ist tragisch für die Figur. Unser Bewusstsein registriert nicht wirklich, dass wir essen, und schwupps – kommt am Ende wieder mehr zusammen, als wir eigentlich wollten und als wir wirklich genossen und wahrgenommen haben.

Schreiben Sie auch auf, wann Sie das erste Mal in Ihrem Leben so richtig zugenommen haben. Gab es einen Anlass, ein trauriges Ereignis in Ihrer Familie, persönliche Probleme, großen Frust? Hilfreich ist es ebenfalls, die eigene »Diätkarriere« einmal auf Papier zu bringen. Was haben Sie schon alles versucht im Kampf gegen die Kilos? Blutgruppen-Diät, Eiweiß-Drinks, Heilfasten? Schreiben Sie es auf. So fällt es Ihnen leichter, diesen Abschnitt hinter sich zu lassen. Ab sofort brauchen Sie keine Diätpläne mehr.

Noch ein paar Worte zu mir. Ich war nie zierlich und werde es bestimmt auch nie sein. Wie fast jede Frau kämpfe auch ich mit den typischen Problemzonen – den weiblichen Rundungen an Hüfte, Oberschenkel und Po. Ich weiß, dass ich aufpassen muss beim Essen, um nicht zuzunehmen – und das lebenslang. Trotzdem versuche ich, das zu essen, was mir schmeckt und was mir guttut. Und nicht erst seit meiner Zeit beim Anti-Diät-Club habe ich gelernt: Wer sein Essen wirklich genießt, braucht keine Berge auf dem Teller.

Abnehmen und Diät waren in meiner Familie ein Thema, seit ich denken kann, noch heute kämpfen meine Mutter, Tante und Freundinnen gegen ihre Pfunde. Und egal was sie ausprobieren, ob LowFat30, Brigitte-Diät oder Sauerkraut-Kur – solange sie sich an ihre Ernährungspläne halten, geht alles gut, und die Pfunde purzeln. Doch wehe dem, sie essen wieder »normal«. Dann klettert der Zeiger der Waage sofort wieder nach rechts.

Fragen Sie sich jetzt zu Beginn, ob Sie wirklich und ganz ernsthaft abnehmen wollen. Wenn Sie nur ein paar Kilos zu viel auf den Hüften haben und gesundheitlich fit sind, schätzen Sie sich glücklich und genießen Sie Ihr Leben. Sie brauchen nicht abzunehmen. Alle anderen brauchen ein klares Ziel. »Ein paar Kilos sollen bis zum Sommer runter« – das wird nicht funktionieren, weil diese Ansage nicht konkret genug ist. Denken Sie nach, und schreiben Sie dann Ihre Ziele genau auf. Alles was nebulös ist, wird keine Realität. Je konkreter Ihr Vorhaben, desto leichter setzen Sie es in die Tat um. Aber verlangen Sie nicht zu viel von sich, setzen Sie sich zusätzlich lieber gut erreichbare Etappenziele. Jede Woche ein Pfund weniger ist bereits ein riesiger Abnehmerfolg.

Für das große Ganze, Ihr langfristiges Ziel, brauchen Sie einen konkreten Idealzustand in Ihrem Kopf, ein Wunschbild. Das muss nicht unbedingt eine definitive Gewichtszahl sein, das kann auch das Erlebnis sein, wieder in das rote Sommerkleid oder in den Hochzeitsanzug zu passen. Es geht dabei nicht um die vermeintlich perfekte Modelstatur, sondern vielmehr um Ihre ganz persönliche Wohlfühlfigur. Stellen Sie sich vor, wie Sie aussehen, wenn Sie völlig glücklich und zufrieden mit Ihrem Körper sind. Halten Sie an diesem Ziel fest, verankern Sie es in Ihrem Kopf, stellen Sie sich diese Vision in Gedanken immer wieder vor. Schaffen Sie sich bildliche Erinnerungen: Stellen Sie Gegenstände, die für Ihr neues Leben stehen, bewusst in Ihr Sichtfeld. Die Joggingschuhe in den Flur, die Wasserflasche neben den Computer, die Gemüsesticks auf den Couchtisch.

Übergewicht hat in den meisten Fällen zwei Ursachen. Falsche und zu üppige Ernährung ist die eine, zu wenig Bewegung die andere. Ohne Bewegung abzunehmen, klappt leider nicht – et es wie et es. Da beißt keine Maus den Faden ab. »Keine Zeit« gilt als Ausrede nicht. Wer ernsthaft in ein schlankeres Leben starten will, muss sich für Bewegung ab sofort Zeit nehmen. Wie Sie das schaffen, erfahren Sie im nächsten Kapitel.

- Sehen Sie den Dingen ins Auge. Wenn Sie wirklich abnehmen wollen, dann fangen Sie noch heute damit an.
- Ein Ernährungsprotokoll hilft, sich bewusst zu machen, was, wie viel und wann Sie tagsüber essen. Schwarz auf weiß sieht man vieles deutlicher.
- Woher kommen Ihre überflüssigen Pfunde? Gab es in Ihrem Leben einen bestimmten Anlass oder Auslöser?
- Damit das Abnehmen klappt, brauchen Sie ein konkretes Ziel. Ohne das geht es nicht.

2: ET KÜTT, WIE ET KÜTT

Es kommt, wie es kommen wird. Wenn man nichts gegen die Kilos tut, passiert auch nichts. Wie Sie mehr Schwung und Bewegung in Ihr Leben bringen.

Lag es an den vielen Chipstüten abends vor dem Fernseher? Oder an den leckeren Eisbechern beim Lieblingsitaliener? Egal, die Pfunde sind drauf. Und jedes Jahr kommen offenbar noch ein paar hinzu. Langsam, aber stetig steigt das Gewicht, mit jedem Winter ein bisschen. Et kütt wie et kütt, Schicksal, so ist es eben.

Hört sich ganz so an, als ließe sich nichts ändern am Lauf der Dinge, wenn alles sowieso so kommt, wie es kommt. Doch das stimmt nicht ganz, auch nicht in Bezug auf das »Kölsche Grundgesetz«. »Et kütt, wie et kütt bedeutet in der hochdeutschen Übersetzung nämlich nicht, es kommt, wie es kommt. Sondern vielmehr: Es kommt, wie es kommen wird«, sagt Grundgesetz-Experte Beikircher. Und genau das ist ein wichtiger Unterschied. Die Verbform »kütt« sei in beiden Fällen zwar Präsens, aber das zweite »kütt« habe eine zukünftige Bedeutung. Die Übersetzung der Aussage darf also nicht lauten: Füge dich in dein Schicksal, sondern vielmehr: Nimm Gegenwart und Zukunft mit Gelassenheit entgegen. »Et kütt, wie et kütt« bedeutet nicht, dass der Rheinländer sein Leben und dessen Umstände devot akzeptieren sollte, sondern die Redensart will sagen: Nimm die Situation oder Gegebenheit gelassen hin, dann kommst du auch besser mit ihr zurecht. Und genau das schließt das Tätigwerden, das Agieren mit ein. Es bedeutet, nicht den Kopf in den Sand zu stecken, sondern sich die Freiheit zu nehmen, aktiv zu werden.

Gelassenheit hilft also, im Leben und auch beim Abnehmen. Fragen Sie sich bitte noch einmal ganz ehrlich: Müssen und wollen Sie wirklich abnehmen? Oder fühlen Sie sich eher von außen dazu gedrängt, von Ihrer Familie, Ihren Bekannten, den Models in der Werbung? Machen Sie sich klar, dass Sie nicht dazu auf der Welt sind, die Erwartungen anderer zu erfüllen. Wenn Sie sich freien Herzens dazu entscheiden, so zu bleiben, wie Sie sind, dann erlauben Sie sich das auch. Tragen Sie Ihre Pfunde mit Stolz und mit Selbstbewusstsein.

Und wenn Sie doch etwas ändern wollen: Werden Sie aktiv. Kommen Sie in Bewegung. Mit Bewegung allein nehmen die meisten nicht ab, aber Bewegung hilft, den Stoffwechsel auf Trab zu bringen und zumindest nicht weiter zuzunehmen. Jeder, der sich regelmäßig bewegt, weiß, wie gut der Sport dem eigenen Körper tut. Man fühlt sich wohler in seiner Haut, schüttet Glückshormone aus und baut Muskeln auf. Bewegung hilft, beim Thema Gewicht gelassen zu sein und zu bleiben. Nur eines darf man natürlich nicht: mehr essen, »weil man ja Sport gemacht hat«. Diese Strategie geht garantiert nach hinten los.

»Wer abnehmen will, sollte die Lust am Sport für sich entdecken und Gleichgesinnte suchen. In der Gruppe ist die Kontrolle und Motivation größer.«

Ellen Stark, Anti-Diät-Club-Mitglied

Theoretisch ist also alles klar. Nur sich selbst immer wieder aufzuraffen, das fällt vielen schwer. Gerade im Herbst und im Winter sind das eigene Sofa und das Fernsehprogramm äußerst verführerisch. Leichter fällt es, wenn man sich mit mehreren zusammentut. Denn gemeinsam macht der Sport nicht nur mehr Spaß, man hält die Termine auch leichter ein. Eine

Verabredung schafft Verbindlichkeiten. Abzusagen wird plötzlich unangenehm, weil man ja dann beim nächsten Treffen erklären muss, warum man beim letzten Mal nicht dabei war.

Suchen Sie nach Gleichgesinnten. Finden Sie nette Menschen, die ebenfalls in Bewegung kommen möchten. Das gelingt im Verein, im Fitnessstudio, durch ein Schwarzes Brett, über ein Internetforum oder zum Beispiel in Organisationen wie dem Anti-Diät-Club. Ob Radfahren, Tischtennis oder Stepptanz: Möglichkeiten gibt es viele.

Hauptsache, Sie bewegen sich

Im Anti-Diät-Club sind derzeit rund 30 Patengruppen aktiv. Paten sind Mitglieder, die für sich die Lust an der Bewegung entdeckt haben und in ihrem Stadtteil eine Anti-Diät-Club-Gruppe gegründet haben. Mitmachen kann jeder, die Paten arbeiten ehrenamtlich und bestimmen, wann und wo sich die Gruppe trifft und was gemeinsam gemacht wird. Ob Nordic Walking, Jogging für Einsteiger oder regelmäßige Wanderungen – bewegt wird sich hier nie allein. Im Mittelpunkt stehen der Spaß und das gemeinsame Erlebnis.

Kurt Krause zum Beispiel ist Anti-Diät-Club-Pate in Köln-Merkenich. Der Sechzigjährige ist begeisterter Hobbyradfahrer und kam durch seine Frau schon im Gründungsjahr 2006 zum Anti-Diät-Club. Seitdem hat er für die Mitglieder im Kölner Norden rund 40 Radtouren organisiert. Seine Gruppe nennt sich selbst »Fahrradfreunde Ü 50« und besteht aus etwa 15 Herren im besten Alter. Geradelt wird meist am ersten Donnerstag im Monat, in der Regel etwa 50 Kilometer. Die Routen verlaufen entlang der Radwege rund um Köln, mal geht es zur Stommeler Mühle nach Pulheim, mal zum Botanischen Garten nach Düsseldorf.

Ein paar Tage vor dem nächsten Radtourtermin kundschaftet Kurt Krause gemeinsam mit einem Gruppenmitglied die Route aus und fährt sie ab, schließlich soll während der Tour auch alles glattgehen. Doch bevor am vereinbarten Tag in die Pedale getreten wird, gibt es an der Straßenbahn-Endhaltestelle in Merkenich – dem Startpunkt jeder Tour – einen Schnaps für alle. Dass es dann erst zehn Uhr morgens ist, stört keinen der Radler. »Ganz im Gegenteil, das ist unser Kettenöl«, sind die sportlichen Rentner überzeugt, von denen der älteste 77 Jahre alt ist.

Auch mehrtägige Radtouren hat diese Patengruppe bereits absolviert, von Köln bis hinunter nach Worms etwa. Dieses Jahr soll es in die Eifel gehen. Die Motivation der Hobbyradler: Fahren ohne Stress und Profi-Bike, dafür mit interessanten Landschaften, Dörfern und Aussichtspunkten im Blick. Geradelt wird in gemäßigtem Tempo – »ohne verkniffenes Gesicht«, wie Clubpate Kurt Krause schmunzelnd sagt. Gemütlich eingekehrt wird unterwegs auch, das versteht sich ja von selbst. Nachmittags um vier kommen die Männer dann wieder in Merkenich an. Glücklich und zufrieden.

Sich gemeinsam mit anderen Menschen an der frischen Luft zu bewegen – das ist es, was die Clubpaten antreibt. Auch Andrea Fratzel schafft es, die Anti-Diät-Club-Mitglieder in ihrem Stadtteil zu motivieren. Pro Woche sogar zweimal. Die Kölnerin ist ebenfalls schon seit 2006 dabei, sie hat im Agnesviertel eine feste Walking-Gruppe etabliert. Der »harte Kern« besteht aus sechs Damen, die sich jeden Mittwoch treffen. Im Sommer geht die Walking-Tour durch die Parks im Viertel, im Winter entlang der Rheinpromenade, weil es dort abends beleuchtet ist. Aber das allein ist den Damen noch nicht genug. Zusätzlich treffen sie sich jeden Sonntagmorgen um acht Uhr – ebenfalls zum Walking. »Und wenn wir fertig sind, bringen wir unseren Männern frische Brötchen mit«, erzählt Andrea Fratzel. Inzwischen sind aus den Sportbekanntschaften echte Freundschaften und sogar ein Stammtisch entstanden. Jeden ersten Mittwoch im Monat zieht es die Damen in eine Kneipe im Agnesviertel – aber natürlich erst nach der obligatorischen Walking-Runde.

Die meisten Teilnehmer der Anti-Diät-Club-Patengruppen sind Walking-Fans, doch es gibt auch zahlreiche andere Angebote. Clubpatin Ilse Liebig etwa macht mit ihrer Gruppe jeden Montag Wassergymnastik, Clubpate Dr. Erich Haug bietet Gesprächskreise zum Thema Säure-Basen-Gleichgewicht an. Clubpatin Hilde Roscher bringt ihren Gruppenmitgliedern im Winter Skilanglauf in der Eifel bei.

Diese Beispiele sollen Ihnen zeigen, dass alles möglich ist – und zwar auch, wenn Sie nicht im Einzugsgebiet des Anti-Diät-Clubs wohnen. Wer sich wirklich bewegen möchte, der findet auch die Möglichkeit dazu. Manchmal muss man eben ein bisschen suchen, bis man das passende Gemeinschaftsumfeld und die richtige Sportart für sich gefunden hat. Da hilft nur Ausprobieren. Seit ein paar Monaten bin ich in meinem Aqua-Pilates-Kurs glücklich. Gerade im Herbst und Winter ist Aquafitness eine super Sache, wenn es abends für Outdoor-Sport sowieso zu dunkel und ungemütlich ist. Und auch wenn es vom Beckenrand lustig aussehen mag: Mit Schaumstoffhanteln im Wasser herumzuturnen, macht Spaß.

Bewegung in der Gruppe ist nichts für Sie? Dann starten Sie eben allein durch. Wichtig ist: Die Sportart, die Sie ausüben, muss Ihnen Spaß machen, sonst geben Sie bald wieder auf. Probieren Sie aus, was das richtige Angebot für Sie ist, ob Sie eher ruhige Bewegungsformen mögen, wie etwa Yoga, Walking oder Pilates, oder ob Sie sich beim Sport verausgaben möchten, zum Beispiel beim Jogging oder beim Squash. Wer sich ein bisschen umsieht, wird mit Sicherheit gute Angebote finden.

Et kütt wie et kütt – das stimmt, wenn man nichts für seinen Körper tut, dann kommt Jahr für Jahr Kilo um Kilo dazu. Dann ist es bequem zu seufzen: Ich kann einfach nichts dran ändern – an meinen Pfunden, an meinem Aussehen, an meiner schlechten Laune. Doch Übergewicht oder ein schlechter Fitnesszustand sind keine Gegebenheiten des Schicksals. Jeder kann aktiv gegensteuern, auch Sie. Und das Schöne ist: Wenn man erst einmal angefangen hat, macht die Sache nach kurzer Zeit sogar richtig Spaß. Wer regelmäßig Sport treibt, gewöhnt sich relativ schnell daran und kann irgendwann gar nicht mehr ohne.

Machen Sie es doch wie Anti-Diät-Club-Mitglied Ellen Stark. Sie war jahrelang ein Sportmuffel, konnte Bewegung nicht viel abgewinnen. Im März 2009 entschloss sich die Einundsechzigjährige dann, bei der »Aktion Abnehmen« des Anti-Diät-Clubs mitzumachen, bei der acht Clubmitglieder vier Monate lang von einer professionellen Ernährungsberaterin begleitet wurden. Dabei merkte sie schnell, dass eine Umstellung des Essverhaltens allein nicht ausreicht, und begann, moderat Sport zu treiben. Sie entschied sich für Walking und schloss sich einer Anti-Diät-Club-Patengruppe an. Beim Warten auf die anderen Teilnehmer lernte sie dann eines Nachmittags zwei weitere Damen kennen, die ebenfalls vom Walking-Fieber gepackt waren. Die drei waren sich auf Anhieb sympathisch und drehten fortan ihre wöchentlichen Runden miteinander. Inzwischen macht Ellen Stark freitags zusätzlich noch Aquagymnastik und hat ihr Büro- und Couch-Potato-Dasein gegen einen aktiven Lebensstil getauscht. Mittlerweile hat sie über 15 Kilo abgenommen. Und das, obwohl sie anfangs gar nicht lassen konnte von ihrem abendlichen Glas trockenen Rotwein und ihrem heiß geliebten Schokobrötchen zum Frühstück.

Abnehmtagebuch

Ellen Stark hat auf der Homepage des Anti-Diät-Clubs von Sommer bis Herbst 2009 über ihre Abnehmerfahrungen berichtet. Hier einige Auszüge:

> *31. 7. 2009: Im Café bestelle ich mit guten Vorsätzen eine Tasse Kaffee, natürlich keinen Kuchen. Doch am Nachbartisch wird leckere Eistorte serviert, und schon sind meine Vorsätze über Bord. Es war köstlich! Allerdings hat mir meine Waage am nächsten Tag deutlich angezeigt, dass das wohl neben Abendbrot und einem Glas Rotwein zu viel war. Heute reiße ich mich zusammen. Wäre doch gelacht ...*
> *10. 8. 2009: Die Woche lief eigentlich ganz gut. Ich habe 500 Gramm abgenommen. Es geht jetzt im Gegensatz zu den ersten Wochen nur langsam mit der Abnehmerei. Ich esse jetzt bewusster. Nicht immer, aber immer öfter!*
> *17. 8. 2009: Trotz der Hitze geht das Walken immer besser, und die Fitness steigt. Meine Umwelt bemerkt, dass sich bei mir etwas verändert. Es gibt Kommentare wie:* »*Du siehst gut aus, warst du im Urlaub?*« *Das tut der Seele gut und motiviert zum Durchhalten.*
> *28. 8. 2009: Also, das Ergebnis nach meinem Urlaub: Ich habe ein Kilo zugenommen, trotz sportlicher Betätigung. Ich kann es nicht glauben. Städtetouren sind anstrengend. Also habe ich Kuchen, Eis und Kohlenhydrate nicht ver-*

schmäht. In der Urlaubszeit will man sich schließlich etwas gönnen. Mein Fehler war, dass ich mir diese »Belohnung« über Essen und Trinken geholt habe. Alte Fehler!

4. 9. 2009: *Ich habe Positives zu melden. Mein Gewicht habe ich durch das Walken und mit Disziplin um 1,5 Kilo verringern können. Nach der Urlaubszeit war ich nicht besonders fit, und es fiel mir schwer, wieder in den Tritt zu kommen. Der innere Schweinehund hat mächtig geknurrt, aber jetzt geht es wieder.*

11. 9. 2009: *Im Moment ist Stagnation das Programm. Ich bin schon sehr gefrustet. Ab Mitte September mache ich zusätzlich einmal in der Woche bei der Wassergymnastik mit. Mal sehen, wie es dann läuft.*

2. 10. 2009: *Ich habe die Frustphase überwunden. Dranbleiben hieß meine Devise. Gewichtsmäßig hat sich wenig getan, und es geht weiterhin nur 100-Gramm-weise runter. Aber durch dreimal Sport in der Woche fühle ich mich super gut und habe jetzt wieder die Motivation, weiter durchzuhalten.*

20. 10. 2009: *Meine Hosen müssen geändert werden. Sachen, die mir schon seit Langem nicht mehr passten, kann ich wieder tragen. Mein neues Körpergefühl wird langsam zur Normalität.*

30. 10. 2009: *Seit einigen Tagen schreibe ich wieder auf, was ich am Tag so esse und trinke. Es ist sozusagen mein Endspurt zu meinem Traumgewicht. Dabei habe ich festgestellt, ich trinke zu wenig. Jetzt fehlen nur noch 1,7 Kilo, und ich habe mein Ziel erreicht. Dann hätte ich von April bis November 15 Kilo abgenommen. Aber es geht sehr, sehr langsam, und Geduld ist gefragt.*

20. 11. 2009 *Mein Traumgewicht habe ich nicht ganz erreicht. Aber das macht nichts. Ich fühle mich super. In der* *kommenden Adventszeit versuche ich mich wacker zu halten. Im nächsten Jahr werde ich dann sehen, wo ich gewichtsmäßig stehe, und gegebenenfalls weitermachen. Ich wünsche allen Anti-Diät-Club-Lesern weiterhin ein erfolgreiches Abnehmen und das richtige Wohlfühlgewicht. Rückblickend möchte ich sagen, ohne den Anti-Diät-Club hätte ich das nicht geschafft. Die Motivation ist in der Gruppe stärker. Man erhält Kenntnisse der richtigen Ernährung und merkt, dass Hungern nicht die Voraussetzung für eine bessere Figur ist. Alles Gute! Ellen Stark*

Et kütt, wie et kütt – es kommt, wie es kommen wird. Wer daran glaubt, dass über sein eigenes Wohlergehen ausschließlich »irgendwo anders« von einer höheren Macht entschieden wird, der wird recht behalten. Wer jedoch überzeugt ist, dass er etwas ändern will und etwas ändern kann an den eigenen Lebensumständen, der steht am besten auf, fängt an und handelt. Sie werden sehen: Das Aktivwerden wird belohnt. Mit guter Laune, mit neuen Erfahrungen und Bekanntschaften. Und vor allem mit einem besseren Körpergefühl. »Wer seine Zukunft formen will, muss in der Gegenwart leben.« Das wusste schon Antoine de Saint-Exupéry, der Autor von »Der kleine Prinz«, vor fast einhundert Jahren. Machen Sie doch dieses Motto zu Ihrem eigenen!

Adipöses Anekdötchen: Der zerbrochene Autositz

In mir lebt eine schlanke Frau. Ich sperre Sie nur bedauerlicherweise ein. Sie wird gefangen gehalten von meinen Vorlieben für Schokolade, Gummibärchen und gutem deftigen Essen. Als ich vor vielen Jahren im Frühjahr mein erstes Auto kaufte, entschied ich mich für einen kleinen Opel Corsa. Ich setzte mich in den Wagen, war glücklich und hatte genügend Platz zum Lenken und Schalten. Doch als der Winter kam, ich mal wieder an Gewicht zugelegt hatte, eine magische dreistellige Zahl auf der Wage erreicht war und dann auch noch die Jahreszeit der dicken Klamotten und der Wintermäntel kam, prallte ich beim Einsteigen plötzlich am Lenkrad ab! Auf einmal war ich in der Lage, ohne Anstrengung mit meinen Oberschenkeln zu lenken. Doch das war noch nicht genug: Zu allem Unglück brach eines Morgens mit einem lauten Knacks dann auch noch der Fahrersitz, als ich mich schwungvoll in den Sessel hievte. Ich fuhr eine Weile mit kaputtem Sitz durch die Gegend, weil ich mich nicht traute, in die Werkstatt zu fahren. Ich schämte mich bei der Vorstellung, dass die Männer dort denken könnten: »Guck dir die Dicke an! Bei der bricht sogar der Fahrersitz zusammen!« Andererseits überwog die Vernunft. Mir leuchtete ein, dass meine Schamgefühle weniger wichtig waren als ein verkehrstüchtiges Auto. Und in der Werkstatt gab mir der nette Mann im Blaumann dann zum Glück auch nicht das Gefühl, dass mein Übergewicht Schuld hätte an dem kaputten Sitz. Was jedoch in seinem Kopf vorgegangen sein mag, das wollte ich mir gar nicht ausmalen. Heute weiß ich: Nur ich allein kann etwas ändern. Nur ich kann die schlanke Frau aus ihrem Gefängnis befreien. Früher oder später passiert es, hoffentlich auch bei mir: der besagte Klick im Kopf!

Von Stefani Müller, Anti-Diät-Club-Mitglied. Inzwischen hat sie übrigens den Opel Corsa gegen einen geräumigen Toyota Avensis getauscht.

- Werden Sie aktiv! Egal womit Sie anfangen, Hauptsache, Sie tun es.
- Suchen Sie nach Gleichgesinnten. Egal ob im Verein, in der Nachbarschaft oder im Fitnessstudio.
- Wichtig ist: Das Ganze muss Spaß machen.
- Experten gehen davon aus, dass sich neue Gewohnheiten innerhalb von 30 Tagen etablieren lassen. Halten Sie unbedingt einen ganzen Monat durch!

Wenn der Körper sauer ist
Interview mit Dr. Erich Haug

Der promovierte Physiker ist seit 2008 Clubpate im Anti-Diät-Club. Bereits zweimal war er Clubabend-Referent im studio dumont. Seine beiden Vorträge zum Thema »Säure-Basen-Gleichgewicht« waren die jeweils bestbesuchten Clubabende des Jahres. Mehrmals im Jahr bietet Dr. Erich Haug Gesprächskreise zum Thema Übersäuerung an. www.natuerlich-gesund-web.de

Herr Dr. Haug, Übersäuerung im Körper – was ist das eigentlich?
Unser Körper bildet ständig Säuren und nimmt diese auch über die Nahrung auf. Die Säuremenge erhöht sich durch Stress, durch körperliche Überanstrengung, durch Umwelteinflüsse und durch Bewegungsmangel. Diese Flut von Säuren muss der Organismus ständig entsorgen, wozu Basen – besser gesagt basische Mineralstoffe – in ausreichender Menge vorhanden sein müssen, die nur über die Nahrung zu bekommen sind. Das Gleichgewicht von Säuren und Basen in unserem

Körper ist also abhängig von unserem Umfeld und unserem ganz persönlichen Lebensstil.

Und bei einer Übersäuerung ... ist dieses Gleichgewicht in Schieflage geraten. Das wohl größte Problem dabei ist unsere Ernährung. Wir essen heute zu viel, zu wenig vollwertig, zu viele Genussmittel, zu schlecht gekaut, zu oft, zu spät. Vor allem essen wir zu wenig basenspendende, also pflanzliche Lebensmittel. Zudem bewegen wir uns viel zu wenig. Und dazu kommt noch der Stress durch die Sorgen und Nöte des Alltags.

Was ist die Folge? Unser Organismus ist an diese Lebensweise nicht angepasst. Das führt zu einem Übermaß an Säuren. Können diese nicht ausgeschieden oder neutralisiert werden, weil die basischen Mineralstoffe nicht ausreichen, werden sie in Form von »sauren« Schlacken im Bindegewebe abgelagert.

Und das führt zwangsläufig zu Übergewicht? In vielen Fällen ist es ja so, dass die eigentlichen Ursachen des Übergewichts Defizite im emotionalen Bereich sind. Vielen Menschen fehlen Nähe, Wärme und Geborgenheit, was sie dann durch Essen ersetzen. In diesem nicht natürlichen Zustand wählen sie dann meist auch keine natürliche Nahrung, sondern denaturierte Industrieprodukte, viel Süßes und Deftiges. Mit einer Salatplatte lässt sich da wenig ausrichten. Diese Nahrung führt zu Ablagerungen und Wassereinlagerung im Körper und trägt so zur Entstehung von Übergewicht bei. Deswegen ist Abnehmen immer auch mit Entsäuern und Entschlacken verbunden.

Was sind die sichtbaren Merkmale von Übersäuerung? Besonders deutlich wird sie an Veränderungen der Haut, der Haare und der Nägel. Die Haut ist rötlich-bläulich, grau oder bräunlich, oft kommen Unreinheiten dazu. Die Haare sind glanzlos und spröde. Die Nägel zeigen Wulstbildung, Verdickungen und reißen leicht ein. Der übersäuerte Mensch ist oft müde, antriebslos. Er hat Schlafprobleme, neigt zu Infekten und leidet unter Verdauungsstörungen, Kopfschmerzen und Migräne.

Was kann man dagegen tun? Ich empfehle ein »inneres Großreinemachen«, wie es im Rahmen meines sechswöchigen »Basischen Gesprächskreises« praktiziert wird. Während dieser Zeit wird auf jegliche industriell hergestellte Nahrungsmittel, auf alle tierischen Produkte, auf Getreide sowie auf rohes Obst und Gemüse verzichtet. Der Schwerpunkt liegt auf gedünstetem Obst und Gemüse und Kartoffeln. Dazu gibt es Blattsalate, hochwertige Speiseöle, stilles Wasser und ab und zu etwas Reis, Hirse oder Buchweizen. Schlackenlösende Tees, basische Bäder und moderate Bewegung helfen zusätzlich. Die Kur kann zu Hause durchgeführt werden. Wer unsicher ist, sollte vorher den Rat eines Arztes oder Heilpraktikers einholen. Danach gilt es, sich dauerhaft basenbetont zu ernähren und somit im Gleichgewicht von Säuren und Basen zu leben.

Wie kann man das im Alltag schaffen? Generell sollten wir unsere Lebensweise mehr nach den Gesetzmäßigkeiten der Natur ausrichten. Damit meine ich eine Ernährung, die mäßig, vollwertig und basenüberschüssig ist. Wir sollten mehr moderate, lustbetonte Bewegung in unseren Alltag bringen und darauf achten, Stress zu vermeiden und abzubauen. Dazu gehört auch, auf das Ruhebedürfnis unseres Körpers zu hören, uns um den Abbau von »Altlasten« zu kümmern und mehr Freude und Genuss in unser Leben zu bringen. Gesundheit können wir nicht kaufen, und das ist gut so. Wir müssen sie leben.

3: ET HÄT NOCH IMMER JOT JEJANGE

Es ist noch immer gut gegangen. Verbote nützen nichts. Wichtig ist, beim Abnehmen nicht zu streng zu sich selbst zu sein.

Der Rheinländer gilt ja gemeinhin als lustig, unaufgeregt und locker. »Maach dir kin Sorje, et hät doch noch immer jot jejange.« Auf Hochdeutsch: Mach dir kein Sorgen, es ist doch noch immer gut gegangen. Diese Lebensphilosophie lässt sich auch gewinnbringend auf die eigene Abnehmeinstellung übertragen. Wer zu streng zu sich selbst ist, verliert keine Pfunde, sondern vor allem die gute Laune. Selbstkasteiung bringt nichts. Wer sich täglich alles verbietet, was schmeckt, wird bald Heißhungerattacken erleiden. Ein absoluter Eiskremfan, der sich jegliches Schleckvergnügen versagt, denkt zwangsläufig nur noch an Magnum Mandel und Cornetto Erdbeer.

Ich darf alles und immer

Daher gilt für Sie: Verbote sind verboten. Sie dürfen alles essen, auch Ihre Lieblingsnahrungsmittel – allerdings in Maßen. Lernen Sie aus der Vergangenheit: Alles was verboten ist, wird durch das Verbot nur noch begehrenswerter. Das war schon in der Kindheit so. Der Spielplatz, von dem man sich fernhalten sollte, erschien interessanter denn je. Die Diskothek war vor allem dann reizvoll, wenn man vom Alter her eigentlich noch gar nicht hineindurfte. Deswegen: Verbieten Sie sich nichts. Halten Sie sich lieber an den Tipp von Ilona Bürgel aus ihrem Buch »Yes I can! Erfolgreich schlank in 365 Schritten«. Sie schlägt vor, mit dem Erlaubnissatz »Ich darf alles und immer« zu arbeiten. »Damit signalisieren Sie sich selbst, dass Sie nicht auf Vorrat essen müssen. Sie können vielmehr bewusst entscheiden, ob Sie genau dieses Essen jetzt haben wollen oder einfach nur auf Stress oder Frust reagieren«, so ihre Erklärung.

Ich darf alles und immer – ist das nicht ein toller Satz? Eine Aussage, die für Spaß, Lebensfreude und Genuss steht. Sie dürfen also alles und immer essen, nur ob Sie es auch wirklich wollen und tatsächlich tun sollten, ist eine andere Frage. Und die für sich selbst zu beantworten, lohnt sich bei jeder Mahlzeit. Will ich jetzt wirklich das Stück Käsesahnetorte essen, das meine Freundin gerade auf den Tisch gestellt hat? Oder hätte ich eigentlich viel mehr Appetit auf ein paar Salzstangen? Will ich den Teller mit dem riesigen Schweineschnitzel wirklich komplett leer machen? Oder habe ich nur Angst, dass es auf den Gastgeber unhöflich wirkt, wenn ich nicht aufesse? Entscheiden Sie frei, Sie dürfen alles und immer. Das fühlt sich wundervoll an, denn so sind Sie Ihr eigener Herr, und Kalorienbomben verlieren den Reiz des Verbotenen. Wer dazu neigt, häufig zu viel und zu große Portionen zu essen, sollte sich beim Anblick des eigenen Tellers oder der Schüsseln auf dem Tisch genau überlegen: Wie viel will ich davon jetzt wirklich essen? Einigen Sie sich mit Ihrer hungrigen Stimme im Hinterkopf auf zwei Frikadellen und eine große Portion Salat. Oder auf einen einzigen gut gefüllten Teller Spaghetti und halten Sie sich auch an diese Abmachung. Wenn Sie von vornherein für sich selbst eine moderate Portionsgröße festlegen, geraten Sie nicht in die Gefahr, zu viel zu essen.

Falls das aber hin und wieder in der Realität nicht klappen sollte: Seien Sie gnädig zu sich selbst, und lassen Sie Milde walten. Beim Abnehmen und im Leben generell. Machen Sie sich immer wieder bewusst, dass nicht Waage und Kilogrammanzahl über unsere Attraktivität bestimmen, sondern vor allem unsere Ausstrahlung und Einstellung. Unser Körper spiegelt unsere Gedanken. Und das wird von anderen bemerkt.

Dazu fällt mir ein Beispiel aus dem Fitnessstudio ein. Eines Abends stehe ich auf dem Cross-Trainer und schaue dabei durch den Raum, damit das Hin-und-Her-Wackeln auf dem Gerät nicht ganz so fade ist. Mein schweifender Blick bleibt plötzlich an einer Frau hängen. Sie ist etwa 30 Jahre alt und hat eine wirklich wunderschöne Figur – wie ein Model aus dem Werbefernsehen. Kleine Muskeln an den richtigen Stellen, lange Beine, schlank, athletisch. Aber: ihre Haltung. Sie geht gebückt. Nicht dramatisch, doch es fällt dennoch direkt auf: Diese Frau hat keine gute Körperhaltung. Sie bewegt sich hastig und schüchtern mit gesenktem Blick durch den Raum, fast so, als sei sie auf der Flucht und überhaupt nicht so, wie sie es sich eigentlich erlauben könnte. Und es schmälert eindeutig ihre Attraktivität. In dieser Situation ist mir wie selten zuvor klar geworden, dass die Körperhaltung für unsere persönliche Ausstrahlung enorm wichtig ist. Durch ihr eng anliegendes Sportoutfit kam das bei der Frau mit der Traumfigur im Fitnessstudio besonders zur Geltung.

Wer aufrichtig und selbstbewusst ist, bewegt sich auch aufrecht. »Ein aufrechter Geist spiegelt sich in einem aufrechten Gang«, hat Anti-Diät-Club-Abend-Referent und Physiotherapeut John Ludescher zu diesem Thema gesagt. Unsere Körperhaltung ist ein wichtiges Attraktivitätskriterium und beeinflusst unsere Selbstsicherheit, dieses Wissen sollten Sie sich zunutze machen. Ich weiß, es fällt nicht immer leicht, daran zu denken. Und manchmal hilft auch der beste Vorsatz nichts, denn wer sich mies fühlt, sackt wie automatisch in sich zusammen. »Lass den Kopf nicht hängen« oder »Kopf hoch« sind Aufmunterungssprüche, die wir alle kennen. Hochgezogene

Schultern und ein runder Rücken zeugen von wenig Selbstachtung. Menschen mit guter Körperhaltung strahlen Selbstsicherheit aus und werden ernster genommen, auch im Beruf. Passen Sie also auf Ihre Haltung auf. Wer sich gerade und aufrecht hält, wirkt automatisch souveräner – und schlanker.

Et hät noch immer jot jejange: Gelassenheit statt Verbissenheit ist Ihr neues Motto. Versuchen Sie, ein bisschen entspannter mit sich selbst umzugehen. Gerade viele Frauen neigen dazu, sich selbst beim Essen sehr stark zu kontrollieren. Sie essen oft mit schlechtem Gewissen und zählen streng Kalorien oder Weight-Watchers-Punkte. Ständig geistern ihnen »Ich-darf-nicht« und »Ich-soll-nicht«-Gedanken durch den Kopf. Und wenn sie dann tatsächlich doch einmal über die Strenge geschlagen haben, ärgern sie sich maßlos über sich selbst. Leckeres, gehaltvolles Essen wird zum Feindbild erkoren und hat mit Genuss dann nur noch so viel zu tun wie Dieter Bohlen mit anspruchsvoller Fernsehunterhaltung. Doch besonders solche *restraint eaters*, kontrollierte und zurückhaltende Esser, neigen stark zu Heißhungerattacken und Fressanfällen. Die ganze Beherrschung entlädt sich irgendwann im Exzess, wenn keiner zusieht. Das frustriert und führt zu dem Vorsatz, sich in Zukunft noch strenger am Riemen zu reißen – ein Teufelskreis. Lassen Sie die Zügel lieber mal ein wenig lockerer. Essen Sie, was Ihnen schmeckt, genießen Sie, und lassen Sie es dann aber auch wieder gut sein. Viel hilft nicht immer viel, Sie brauchen keine Pasta-Berge und Mega-Burger auf dem Teller, um Ihren Magen zu füllen und glücklich zu sein.

»Ich habe gemerkt, dass sich mein Wohlbefinden steigert, wenn ich mich regelmäßig bewege. Mir hat es außerdem geholfen zu dokumentieren, was ich esse. Am Anfang habe

ich viele Lebensmittel gewogen, so konnte ich ein Bewusstsein für kleinere Portionsgrößen entwickeln.«

Annamaria Steimel,
Anti-Diät-Club-Mitglied

Halten Sie sich an die 500-Gramm-Regel

Rufen Sie sich immer wieder Ihr persönliches Ziel ins Gedächtnis, aber stecken Sie dieses auch nicht zu hoch. Auch das gehört zu einer entspannten Einstellung. Hüten Sie sich davor, beim Abnehmen zu schnell zu viel zu wollen. Ernährungsexperten raten, pro Woche nicht mehr als 500 Gramm abzunehmen. Alles andere beschwört nur den Jo-Jo-Effekt herauf. Nehmen Sie sich vor, lieber langsam und stetig abzunehmen, und halten Sie sich vor allem fern von allen Hungerkuren und Diäten.

Jeder schlägt das ein oder andere Mal über die Stränge. Das ist völlig normal. In solchen Fällen heißt Ausgleichen das Zauberwort. Am Freitagabend waren Sie auf einer Geburtstagsfeier und haben wieder einmal so richtig reingehauen – vier Mettbrötchen-Hälften vom Buffet, drei frische Reibekuchen dazu, das Kölsch floss in Strömen, und zum Nachtisch gab es noch einen Dessertteller vollgepackt mit leckerem Tiramisu. Na und? Schieben Sie Ihr schlechtes Gewissen beiseite, und genießen Sie Ihr Essen aus vollem Herzen. Auch im Nachhinein, denn dann haben Sie doch sowieso schon alles heruntergeschluckt, wozu also jammern?

Besser: am nächsten Tag weniger essen. Wenn es wirklich hart auf hart gekommen ist, legen Sie am Tag darauf einen Reis-, Obst-, Suppen- oder Gemüsetag ein. Sie werden am nächsten Morgen sowieso noch keinen quälenden Hunger verspüren, also bietet sich ein Entlastungstag quasi an. Wenn Sie Ihre Ausrutscher auf diese Art handhaben, verzeiht Ihnen Ihr Körper schneller, als Sie denken. Am nächsten Tag einfach ein bisschen weniger essen, und schon ist die Sache geritzt. Allerdings gilt das nur für Ausnahmetage. Wer täglich über die Stränge schlägt und völlig unkontrolliert isst, für den hat das Ausgleichen keinen Zweck. Wichtig ist, dass Sie sich nicht selbst geißeln. Nehmen Sie den zügellosen Schlemmerabend so hin, wie er war – und machen Sie kein Drama daraus. So lange er nicht zur Routine wird und Sie Ihre kleinen Sünden ausgleichen, ist alles okay.

Wichtig ist, dass das Essen in Ihrem Leben wieder einen normalen Stellenwert erhält. Gehören Sie auch zu den Menschen, die ständig überlegen, was sie heute alles schon gegessen haben, was sie heute noch essen dürfen, was sie jetzt am liebsten essen würden, sich aber selbst aus Angst vor dem Zunehmen verbieten? Fällt es Ihnen schwer, ihr Essen ohne schlechtes Gewissen zu genießen? Das wäre fatal. Denn Essen ist etwas Natürliches und Angenehmes, etwas, das man wirklich ohne schlechte Gefühle erleben sollte. Genau das ist auch der Grund, weshalb Diäten keinen Spaß, sondern unglücklich machen. Wer auf Diät ist, kreist in Gedanken immer nur ums Essen. Zählt Kalorien, liest Nährwertangaben auf Lebensmittelverpackungen, wiegt Schinken- und Käsescheiben ab oder denkt panisch über glykämische Indexwerte nach. Das alles trägt nicht dazu bei, eine lockere und entspannte Einstellung zum Essen zu finden, ganz im Gegenteil.

Kauen ist wichtiger als die Kalorienanzahl

Strenges Kalorienzählen ist heute sowieso out. »Wer es richtig machen will, braucht gute Tabellen und sehr viel Zeit«, betont Ernährungsexpertin Julia Schreiner. Eine bessere Methode ist es, auf das eigene Kauverhalten zu achten, statt ständig und spaßfrei auf die Kalorien zu schielen. Wer gut kaut, erleichtert seinem Magen die Arbeit, gut durchgekaute Nahrung liefert dem Körper mehr Nährstoffe und wird besser und schneller verdaut. Und das Schöne: Wer ausgiebig kaut, isst langsamer und wird automatisch schneller satt. Ja, ich weiß, es scheint nicht wirklich in unsere Schneller-höher-weiter-Welt zu passen, sich ausgiebig Zeit zum Essen zu nehmen und jeden Bissen gründlich zu kauen. Achten Sie trotzdem von jetzt an öfter mal darauf. Ideal wäre es, jeden Bissen 32-mal zu kauen – für jeden Zahn in unserem Mund eine Kaubewegung, so kann man sich das merken. Das ist utopisch, ich weiß. Meistens führen wir die gehäufte Gabel schon zum Mund, wenn der vorherige Bissen noch gar nicht richtig hinuntergeschluckt ist. Nach zwei bis drei Kaubewegungen rutscht der Nahrungsbrei dann schon in die Speiseröhre. Nehmen Sie sich ab jetzt vor, jeden Bissen wenigstens fünfmal zu kauen. Diese Kieferbewegungen reichen dann zwar nicht aus für die Anzahl unserer Zähne, aber zumindest für die unserer Finger an einer Hand. Und fünfmal Kauen, das müsste doch zu schaffen sein. Dann sind Sie immer noch früh genug mit dem Essen fertig, falls Sie fürchten, durch ausgiebiges Zähnemahlen zum stoischen Langsamesser zu mutieren, der seine Kollegen jeden Mittag in der Kantine dazu veranlasst, nach 35 Minuten nervös mit den Fingern auf die Tischplatte zu trommeln. Wir alle kennen diese Leute, und viele von uns treiben sie mit ihrer »Ich-hab-die-Ruhe-weg«-Haltung in den Wahnsinn. Doch eigentlich machen diese Langsamesser alles richtig, und wenn Sie genau hinsehen, wird Ihnen auffallen, dass dieser Typ Mensch meistens auffallend schlank ist.

Essen ist ein wichtiger Teil des Lebens, doch es gibt wahrlich Schöneres, als ständig über Kalorientabellen und Light-Produkte zu grübeln. Mit den Menschen, die man mag, zusammen zu sein zum Beispiel. Oder ein paar Stunden in Ruhe oder in Action in der Natur. Bewegung an der frischen Luft. Ein schönes Abendessen mit Freunden. Das alles sollten Sie sich nicht versagen, sondern es erleben. Und genießen. Am besten so oft wie möglich.

Adipöses Anekdötchen: Die Gefahr lauert beim Einkaufen
Wer moppelig ist, hat es im Alltag oft nicht leicht. Vor allem beim Einkaufen. Als ich merkte, dass ich von Jahr zu Jahr in den Klamottenläden zu immer größeren Größen greifen musste, entdeckte ich eines Tages in einem Kaufhaus die Abteilung für Umstandsmode. Prima! Ich hatte das Glück, dass diese Art von Bekleidung in den letzten Jahren zumindest ein wenig mehr an Chic gewonnen hatte. Auch den Herstellern war offenbar aufgefallen, dass nicht alle Schwangeren gerne Latzhosen oder Herrenhemden tragen. Als ich dann an einem Nachmittag stolz mit meiner Beute aus der »Mama-Ecke« an der Kasse stand, geriet ich in eine nette Unterhaltung mit einer älteren Dame. Sie bemerkte schnell, wo ich meine Einkäufe her hatte, und beteuerte freundlich: »Ach junge Frau, das geht doch auch vorbei!« Erst ein paar Augenblicke später fiel bei mir der Groschen. Die nette Omi war offenbar der Auffassung, ich sei schwanger! Seit diesem Erlebnis haben mir die Einkäufe in der Umstandsmoden-Abteilung nur noch halb so viel Spaß gemacht. Nicht nur in Klamottenläden, auch in Su-

permärkten an der Kasse kann es für querschlanke Menschen zu unschönen Situationen kommen. »Mama, guck mal, wie viel die Frau kauft!«, rief ein erstauntes etwa sechsjähriges Mädchen einmal in der Schlange hinter mir. Die Kleine meinte tatsächlich MICH! Vor lauter Scham hätte ich am liebsten in den blauen Warentrenner auf dem Rollband gebissen. »Aber, ach, das ist doch der ganze Wocheneinkauf für meine Familie!« stammelte ich schnell, um das meterlang voll beladene schwarze Band zu rechtfertigen. Nun ja, in Wahrheit besteht meine Familie aus meinem Verlobten, mir und unseren zwei Kaninchen. Und die mümmeln im Gegensatz zu mir nur Möhren und Basilikum. Ich hoffe, das kleine Mädchen aus dem Supermarkt wird mir meine Notlüge verzeihen.

Von Stefani Müller, Anti-Diät-Club-Mitglied und überzeugt, zukünftig Anziehsachen und Lebensmittel nur noch über das Internet zu bestellen.

Genießen und gleichzeitig abnehmen – wie kann das gehen?

Die spannende Frage ist: Wie schafft man es, sich kulinarisch immer wieder etwas Gutes zu tun und trotzdem nicht zuzunehmen? Der Schlüssel zum Erfolg liegt in uns selbst – in unserem eigenen Appetit. Denn dieser sagt uns – wenn wir ganz ehrlich zu uns selbst sind und aufmerksam auf unseren Körper hören – haargenau, wann und auf was wir Hunger haben. Vorausgesetzt wir reden uns selbst nichts ein und haben noch nicht verlernt, auf das eigene Körpergefühl zu hören. Der Appetit ist die natürliche Steuerung für unser Essverhalten. Denn unser Körper ist schlau, er weiß ganz genau, wann er welche Lebensmittel, Vitamine und Mineralstoffe benötigt. Und unser Körper weiß auch, wann er satt ist. Nur wer jahrelang immer wieder über diesen Sättigungspunkt hinaus gegessen hat, spürt ihn mit der Zeit nicht mehr. Fragen Sie sich bei Ihrem nächsten Einkauf im Supermarkt, bei Ihrem nächsten Restaurant- oder Kantinenbesuch selbst: Auf welches Essen habe ich jetzt genau Lust? Lassen Sie die aufleuchtenden Kalorienangaben in Ihren Gedanken und all die Ratschläge zu vermeintlich besonders gesundem Essen dabei einmal außen vor. Fragen Sie sich selbst ganz ehrlich: Was würde mir in diesem Moment am besten schmecken? Hören Sie genau in sich hinein. Und Sie werden merken, es ist gar nicht immer die Currywurst oder die Salamipizza, die uns lockt. Oft verzehren wir Gerichte dieser Art vorrangig aus Schnelligkeits- und Bequemlichkeitsgründen. Glauben Sie mir: Wer nicht schlingt und stopft, sondern sein frisch zubereitetes Essen in maßvollem Tempo genießt, der nimmt davon nicht zu.

»Ich koche jeden Tag frisch und schaffe es so seit Jahren, mein Gewicht zu halten. Ich genieße das Kochen, das ist Entspannung für mich, auch wenn es mal länger dauert. An manchen Tagen gibt es auch schnelle Gerichte, aber Fertigprodukte kommen bei mir nie auf den Tisch.«

Barbara Szyska,
Anti-Diät-Club-Mitglied

Et hät noch immer jot jejange – wer beim Einkaufen, beim Kochen und beim Essen auf seinen wahren Appetit hört, der kann eigentlich gar nichts falsch machen. Denn in Wirklichkeit haben wir ja nicht ständig Lust auf Schokolade. Wenn wir uns jeden Tag vor jeder Mahlzeit konsequent und ehrlich selbst befragen, kommen wir unserem Appetit wieder auf die Spur. Er ist das Maß aller Dinge. Wir kennen es doch von uns selbst: Nach den Weihnachtstagen mit üppigem Gänsebraten und zahllosen Naschereien vom Kelleller gelüstet es uns mal wieder nach einem leichten Salat oder frischem Obst. Nach einer durchzechten Nacht muss dagegen meist etwas Saures oder Deftiges her, ein Stück Kuchen oder drei Pralinen wären jetzt fehl am Platz. Unser Körper weiß, was er braucht, wir hören nur oft genug nicht auf ihn.

Wissenschaftsjournalistin Ulrike Gonder schreibt im Fazit ihres Buches »Ernährung – Wissen was stimmt«: »Der Appetit als ein wichtiger innerer Ratgeber wird zu Unrecht ignoriert.« Und auch Ernährungswissenschaftler Uwe Knop bringt es in »Hunger und Lust« auf den Punkt: »Essen Sie nur, wenn Sie Hunger haben, worauf Sie Lust haben, was Ihnen schmeckt. Mit diesen Gefühlen stellt Ihre kulinarische Körperintelligenz sicher, dass Ihr Körper genau die Nährstoffe erhält, die er benötigt.«

Schön und gut, denken Sie jetzt, aber was ist, wenn mein Appetit trotzdem immer wieder nach Schokolade schreit? Vielleicht sitzen Sie in der süßen Falle. Je mehr Süßigkeiten wir essen, desto mehr verlangt unser Körper danach, weil sich Gehirn und Verdauung daran gewöhnt haben. Wenn Sie es nicht schaffen, mit vier Stückchen Schokolade pro Tag auszukommen, sondern meistens die ganze Tafel verschlingen, dann versuchen Sie, mindestens vier Wochen komplett auf jeglichen Süßkram zu verzichten. Das wird in den ersten Tagen hart sein, aber mit der Zeit merken Sie, es geht auch ohne, und das sogar ziemlich gut. Cola und Trauben-Nuss-Schokolade werden Ihnen nach einer mehrwöchigen Abstinenz mit Sicherheit viel süßer vorkommen als zuvor, vielleicht sogar zu süß. Durchbrechen Sie den Gewöhnungseffekt, denn hochkalorische Snacks aus Zucker und Fett machen nun einmal dick. Betrachten Sie Süßigkeiten, genau wie alkoholische Getränke, als das was sie sind: als Genussmittel. Und die sind zum Genießen da, nicht zum Hinunterschlingen.

Unser Umfeld hat Macht über unser Essen

Auf den eigenen Appetit zu hören bedeutet auch, nicht zu essen, wenn man eigentlich gar nicht wirklich hungrig ist. Ich weiß, das ist ein hochgestecktes Ziel. Schließlich sind wir gerade bei unseren Mahlzeiten oft starren Rahmenbedingungen ausgesetzt. Frühstück um 6.30 Uhr muss sein, sonst kommen wir zu spät zur Arbeit. Um 12 Uhr geht es mit den Kollegen in die Kantine – wer nicht mitgeht, grenzt sich aus und eine Stunde später macht das Betriebsrestaurant schließlich auch schon wieder zu. Um 19 Uhr wartet das Abendessen zu Hause – dankend abzulehnen wäre unhöflich, der Partner hat sich doch so viel Mühe gemacht. Versuchen Sie trotzdem, im Einklang mit Ihrem Hungergefühl und Appetit zu leben. Wenn Sie mittags nur wenig Lust auf Essen verspüren, reicht auch eine Suppe oder ein kleiner Salat. Und auch abends müssen Sie nicht essen, als gäbe es morgen keine Supermärkte mehr – wichtiger ist, das selbstgekochte Essen überhaupt zu würdigen, und das geht auch mit einer kleinen Portion.

Merken Sie sich: Ehrlichen Hunger spüren Sie wirklich, und zwar meistens in der Körpermitte und nicht nur als halbherziges Lustgefühl im Hinterkopf. Wenn zwischen Ihrer letzten Mahlzeit und dem Magenknurren vier bis fünf Stunden vergangen sind, können Sie davon ausgehen, dass Ihr Hungergefühl berechtigt ist.

Die »Iss-den-Teller-leer«-Regel hat ausgedient

Und wenn Ihnen etwas serviert wird, was Sie nicht mögen, hilft nur konsequentes Stehenlassen. Essen Sie es nicht, auch nicht aus Höflichkeit. Es hilft ja letztlich keinem, am wenigsten Ihnen selbst. Machen Sie sich das immer wieder bewusst. Ich weiß, vielen Menschen fällt das sehr schwer. Mein Vater zum Beispiel isst seit 60 Jahren seinen Teller konsequent leer. Auch wenn er eigentlich schon längst satt ist und er nach der zu üppigen Mahlzeit Magendrücken bekommt – oder »Ranzenpfeifen«, wie er selbst sagt. Geholfen ist damit keinem. Trauen Sie sich, Essensreste stehen zu lassen. Verwenden Sie sie weiter bei der nächsten Mahlzeit, oder werfen Sie sie im schlimmsten Fall weg. Ihr Körper ist kein Restemülleimer. Ich selbst kippe nur sehr ungern Lebensmittel in den Müll. Aber wenn es nicht anders geht, geht es eben nicht anders. Besser, die Kartoffeln liegen auf dem Kompost als auf Ihren Hüften.

Wer konsequent auf seinen Appetit hört und nicht aus Gewohnheit, Traurigkeit oder Langeweile isst, wird abnehmen. Traurig, aber wahr: Eine Familie verfügt hierzulande im Durchschnitt nur über zwölf Standardgerichte, die regelmäßig immer wieder auf den Tisch kommen. Zwölf Gerichte, das sind nicht gerade viele bei 365 Tagen im Jahr. Bei manchen Familien beschränken sich die Standards auf Mahlzeiten wie Fischstäbchen mit Kartoffelbrei, Spaghetti Bolognese und Wiener Würstchen mit Kartoffelsalat. Heute muss es meist schnell gehen in der Küche. Klar, Kochen ist aufwendig, es braucht Zeit, vorher muss man einkaufen gehen und hinterher auch noch alles abspülen. Doch wer sich auf die Arbeit einlässt, wird sehen: Es macht Spaß, es ist eine kreative Tätigkeit und man sieht sofort, was man geschaffen hat. Auch wenn das mühevolle Gericht schnell wieder verzehrt ist: Der Aufwand lohnt sich. Zumindest dann, wenn es geschmeckt hat. Inzwischen gibt es in Köln übrigens Kochschürzen zu kaufen mit einer Analogie zum dritten Artikel des »Kölschen Grundgesetzes« als Aufschrift: »Et hät noch immer jot jeschmeck«. Nette Idee, oder?

Sie brauchen ja keine Profimenüs auf den Tisch zu zaubern. Halten Sie es lieber einfach. Entdecken Sie die alten, simplen, bodenständigen Gerichte wieder. Es muss nicht jede Woche die Kokosmilch zum Hähnchen sein. Ein Teelöffel altmodisches Butterschmalz tut es auch. Der Vorteil: Wenn Sie selbst kochen, bestimmen Sie die Inhaltsstoffe der Mahlzeit. Bei Fertiggerichten hat man keinen Einfluss auf die Zusammensetzung, oft strotzen die Industrieprodukte nur so von Zusatz- und Aromastoffen. Glutamat etwa steht in dem Ruf, gefräßig zu machen.

Dass Kochen wieder in Mode kommt, sieht man ja seit Jahren an der nicht abebbenden Zahl der Kochshows im Fernsehen. Ob die vielen Zuschauer wirklich lernen wollen, wie man Coq au vin oder Lammschulter mit Bohnen macht, oder ob sie sich in erster Linie nett berieseln und von den Sprüchen der Promiköche unterhalten lassen wollen, sei dahingestellt. Offenbar hat die Zubereitung von Essen auch heute noch etwas Faszinierendes an sich. »Wer einen guten Braten macht, hat ein gutes Herz«, sagt Koch Michael van der Zypen, der die Anti-Diät-Club-Kochkurse leitet. Gemeinsam mit seinem Kollegen Thomas Porschen und 30 Clubmitgliedern zaubert er jeden Monat ein imposantes Drei-Gänge-Menü, das meist in erster Linie lecker und erst in zweiter Linie kalorienbewusst ist. Im Küchenloft Varia wird dann Gemüse geschnitten, Salat geputzt, Fisch filetiert und Fleisch geklopft. Und wenn alles fertig ist und das gesamte Küchenstudio nach Rinderbraten oder auch mal nach Harzer Käse duftet, wird gemeinsam gegessen. Die Kochkurse sind stimmungsvolle

Abende, bei denen es leicht ist, neue Leute und Rezepte kennenzulernen. Die Profiköche verraten ihre Tricks, und die Teilnehmer hören zu – falls sie nicht selbst gerade Kräuter hacken oder das Salatdressing mixen. Einige Rezepte aus den Kursen finden Sie am Ende des Buches.

»Bei den Anti-Diät-Club-Kochkursen habe ich viele Tipps und Tricks gelernt. Am meisten Spaß macht das Ausprobieren: Was schmeckt wozu am besten? Ich rate allen Kochanfängern: Nur Mut, ran an den Herd! Auch wenn mal etwas schiefgeht, irgendwann hat man den Dreh raus.«
Paul Paulovszky, Anti-Diät-Club-Mitglied

Vielleicht bringt Sie das ja auf die Idee, auch einmal einen Kochkurs in Ihrer Stadt zu belegen? Sicher, von einem einzigen Kurs lernt man nicht perfekt kochen. Doch der Abend kann einen auf neue kulinarische Ideen bringen und die Lust am Brutzeln und Braten wieder entfachen.

Ich selbst koche am liebsten, wenn Gäste kommen. Denn für viele Leute lohnt sich auch ein aufwendiges Menü, finde ich. Eine meiner Lieblingsseiten im Internet ist www.chefkoch.de. Dort finden sich unzählige Rezepte – man braucht nur die Zutaten einzugeben, die man noch im Kühlschrank hat, und schon tauchen die Kochanleitungen auf dem Bildschirm auf. Ausdrucken, nachkochen, fertig. Es macht Spaß, auch mal ungewöhnliche Sachen auszuprobieren, eine Ciabatta-Lasagne etwa oder ein feuriges Chili mit Kaffee und Bier in der Sauce. Wenn es dann auch noch schmeckt – umso besser.

Doch zugegeben: ein ganzes Drei-Gänge-Menü für seine Gäste zu kochen erfordert, mindestens den halben Samstag in der Küche zu verbringen. Mit guten Freunden mache ich es deswegen schon seit Jahren so: Alle paar Wochen treffen wir uns bei einem von uns sechs zu Hause. Die Hauptspeise bereitet immer der Gastgeber zu, Vorspeise und Nachtisch werden jeweils von den anderen mitgebracht. So hält sich der Aufwand in Grenzen, und wir haben trotzdem jedes Mal ein köstliches Menü auf dem Tisch. Vom italienischen über den bayrischen Abend bis hin zum kalorienbewussten fettarmen Menü war schon alles dabei. Motto-Abende sind eine schöne Gelegenheit, mal wieder die verstaubten Kochbücher aus dem Küchenschrank zu holen.

Auf die Idee gekommen sind wir ursprünglich durch das »Jumping Dinner«, eine Veranstaltung, die es inzwischen in vielen Großstädten gibt. Man meldet sich für einen Samstagabend an, entweder allein oder mit einem Kochpartner, und bekommt dann entweder Vorspeise, Hauptgericht oder den Nachtisch zugeteilt. An dem besagten Abend isst man dann drei Mahlzeiten in jeweils drei verschiedenen Wohnungen mit jeweils vier fremden Leuten. Später treffen sich alle Dinner-Teilnehmer in einer Bar in der City wieder. Hört sich lustig an, und das ist es auch.

Kochen kann viel mehr sein als nur langweiliges Im-Topf-Herumrühren. Wer selbst kocht, lebt definitiv gesünder als der, der hauptsächlich zu Fertigpizza und Döner Kebab greift. Entdecken Sie doch die Lust am Kochen für sich neu. Und wer Angst hat, am Herd etwas falsch zu machen, sollte daran denken: Et hät noch immer jot jejange.

- Seien Sie nicht zu streng zu sich selbst. Sonst verlieren Sie statt der Pfunde nur die gute Laune.
- Achten Sie auf eine gerade Körperhaltung. Sie macht attraktiver als fünf Pfund weniger auf der Waage.

- Verbieten Sie sich nichts. Wenn Sie an einem Tag über die Strenge geschlagen haben, gleichen Sie das am nächsten Tag einfach wieder aus.
- Kein schlechtes Gewissen. Wenn Sie sich leckeres Essen gönnen, dann bitte mit Genuss. Aber danach ist dann auch Schluss. Keine Fressorgien, bitte.
- Ihr wichtigster Ratgeber in Essensfragen ist ab sofort Ihr eigener Appetit. Vertrauen Sie darauf, dass Ihr Körper weiß, was im jeweiligen Moment gerade gut für Sie ist.

Kochen braucht Hingabe
Interview mit Michael van der Zypen

Der Miet- und Eventkoch leitet gemeinsam mit seinem Kollegen Thomas Porschen die monatlichen Kochkurse des Anti-Diät-Clubs. www.vanderzypenscateringservice.de

Kalorienbewusst und trotzdem lecker kochen – geht das überhaupt? Natürlich geht das! Mein Tipp: Orientieren Sie sich an der mediterranen Küche. Produkte wie Knoblauch, Olivenöl und Meersalz sind gesund und liefern tolle Aromen, die jedes kalorienarme Gericht aufpeppen. Und auch von den Asiaten kann man viel lernen: Sie verwenden viele Eiweißprodukte und garen das Gemüse nur kurz, so bleibt es immer schön frisch und knackig. Das sind Sachen, die man sich abgucken kann.

Was sind die größten Kalorienfallen beim Kochen? Zu viele Kohlenhydrate und versteckte Fette in Wurst und Milchprodukten.

Bei manchen Speisen braucht man aber Fett. Stimmt, wenn es als Geschmacksträger eingesetzt wird. Wie bei Bratkartoffeln, Reibekuchen oder Schnitzeln zum Beispiel.

Kochshows sind im Fernsehen allgegenwärtig – im wahren Leben greifen viele Leute dann aber doch meist zu Fast Food und Tütensuppe. Warum? Das ist eine reine Zeitsache. Zum Kochen braucht man Hingabe, und das ist für viele heute in der hektischen Zeit eher schwierig. Deswegen boomen auch die Kochkurse, dort nimmt man sich eben die Zeit fürs Kochen.

Was ist dein persönliches Lieblingsgericht? Die Verbindung von Süßem und Herzhaftem finde ich gut, wie beim Sauerbraten. Typisch rheinländisch eben.

Deine Vorschläge für fünf leckere und trotzdem kalorienbewusste Rezepte? Spaghetti mit frischem gebratenem Spinat und kalter Tomatensoße. Asiatisches Gemüse aus dem Wok mit Basmati-Reis. Hühnchen mit Tomate und Oliven eingelegt in Sherry. Rote-Bete-Joghurt-Salat mit Lamm-Kardamom-Spießen. Und der kölsche Klassiker »Himmel und Ääd« (übersetzt: Himmel und Erde, Apfelmus mit Kartoffeln) mit gebratener Putenleber, Zwiebelkompott und Apfelspalten.

4: WAT FOTT ES, ES FOTT

*Was fort ist, ist fort. Verabschieden Sie sich
von Ihren alten Ernährungsgewohnheiten.*

Jetzt geht es ans Eingemachte. Nämlich um die Frage »Was soll und muss ich denn nun genau essen, um wirklich dauerhaft abzunehmen?« Wenn Sie jetzt von mir die Auflistung strenger Diätpläne erwarten, muss ich Sie enttäuschen. Diese Pläne gehören ins Altpapier, und Ihre Waage können Sie gleich mit entsorgen, aber dazu später mehr. Viel wichtiger ist, dass Sie alte Ernährungsgewohnheiten, die Ihnen nicht guttun, über den Haufen werfen. Vor allem, wenn Sie sich bislang an Diäten versucht haben. Sie brauchen eine langfristige, eine bessere Strategie. Einen Fahrplan, der Ihnen hilft, sich von Ballast und Fettpolstern zu befreien. Handfeste Tipps für jeden Tag.

Schlank werden mit der Pyramide

Fest steht: DIE perfekte Ernährung für alle gibt es nicht. Wir Menschen sind nun einmal verschieden, der eine verträgt keine Milch, dem anderen wird von Pilzen übel. Der eine nimmt am leichtesten von fettreduzierter Kost ab, dem anderen hilft es, wenn er abends das Brot weglässt. Von daher noch einmal: Essen Sie nichts, was Ihnen nicht schmeckt, und tun Sie nichts, was Ihnen nicht guttut, auch wenn es von noch so vielen Ernährungsspezialisten empfohlen wird.

Wer abnehmen möchte und sich eine grobe Richtlinie für die tägliche Essensplanung wünscht, kann sich guten Gewissens an die aid-Ernährungspyramide halten. Sie wurde vom

Verbraucher-Informationsdienst aid nach den Richtlinien der Deutschen Gesellschaft für Ernährung entwickelt und ist das Vorzeigeobjekt schlechthin in so gut wie jedem Ernährungsberatungs-Seminar. Jaja, die kenne ich schon, denken Sie jetzt, denn das Dreieck haben Sie bereits oft in diversen Broschüren abgedruckt gesehen. Aber wussten Sie auch, dass Sie die Pyramide nicht nur als generelle Ernährungsempfehlung betrachten können, sondern auch als konkreten Abnehmleitfaden für jeden Tag?

Wer eine detaillierte Anleitung braucht, um Kilos zu verlieren, sollte sich also nicht nur generell und grob, sondern jeden einzelnen Tag an die 22 Kästchen der Pyramide halten. Ein Kasten ist gleich eine Portion. Pro Tag sollen alle 22 Lebensmittelportionen, für die die einzelnen Pyramidenbausteine stehen, verzehrt werden. Nicht mehr, aber auch nicht weni-

Die aid-Ernährungspyramide Gemüse plus.
© aid infodienst e.V., Idee: Sonja Mannhardt

ger sollte täglich auf Ihrem Teller liegen, die Pyramide soll »abgegessen« werden. Das Prinzip ist einleuchtend: Von den Lebensmitteln, die unten angesiedelt sind, darf man viel, von den oberen dagegen nur wenig essen.

»Die Richtlinien der Pyramide sind einfach und gut, auf dieser Basis kann man seine Ernährung gut umstellen. Mir hat es auch geholfen, anfangs ein Ernährungsprotokoll zu führen.«

Peter Bowy, Anti-Diät-Club-Mitglied

Eines ist jedoch wichtig: Auf die Portionsgrößen kommt es an. »Wer mit Hilfe der Pyramide Gewicht verlieren will, muss sich an kleine Portionen halten«, sagt die Kölner Ernährungsberaterin Jutta Knötgen. Eine Abnehm-Pyramiden-Portion entspricht dem Volumen der eigenen Hand. Das macht Sinn, denn unsere Hand steht immer in Relation zu unserem Körper. Kinder haben kleine, große Menschen haben große Hände. Um täglich den Überblick zu behalten, hilft es, nach jeder Mahlzeit das oder die entsprechenden Kästchen abzuhaken oder durchzustreichen. Beispiel: Sie essen ein Hühnerfilet mit Möhrengemüse und Kartoffeln, dann haken Sie für das Hühnerfilet das Fleischkästchen ab, für die Möhren ein Gemüsekästchen und für die Kartoffeln ein Kohlenhydratkästchen. Je nachdem wie groß Ihre Portionen waren – als Maß gilt die eigene Hand –, werden eventuell auch mehrere Kästchen durchgestrichen. So sehen Sie auf einen Blick, was sie am Tag bereits verzehrt haben und welche Lebensmittelgruppen auf Ihrem Speiseplan noch fehlen. »Wer nachmittags merkt, dass er heute noch gar keine Milchprodukte gegessen hat, kann sich abends etwa einen Salat mit Käse zubereiten«, rät Expertin Jutta Knötgen.

Folgendes sollten Sie also täglich essen und trinken:

6 Gläser Wasser – 2,5 Liter Flüssigkeit jeden Tag sind für Sie ab sofort ein Muss. Diese Menge entspricht sechs großen Gläsern von je 400 Millilitern. Wem reines Wasser zu fade ist, der kann es mit ein wenig Fruchtsaft mischen. Ungesüßte Tees sind auch erlaubt. Mehr zum Thema Trinken lesen Sie auch in Kapitel 10 »Drinks de eine met?«

2 Portionen Obst und 3 Portionen Gemüse – »Nimm fünf am Tag«, das propagiert das Bundesministerium für Gesundheit schon seit Jahren. Machen Sie sich diese Regel zur täglichen Gewohnheit. Denn klar ist: Wer täglich fünf Portionen Obst und Gemüse verzehrt, hat im Magen für Chips, Schnitzel und Schwarzwälder Kirschtorte gar nicht mehr so viel Platz. Der Schwerpunkt bei »Fünf am Tag« sollte auf Gemüse liegen, da Obst viel Fruchtzucker enthält. 400 Gramm Gemüse jeden Tag auf dem Teller wären optimal, das sind etwa drei Hände voll. Salat wiegt weniger, von ihm darf pro Portion die Menge von zwei Händen gegessen werden. Aber Vorsicht: Achten Sie auch hier auf Unverträglichkeiten! Wenn Sie Rohkost nicht gut vertragen, dünsten und dämpfen Sie das Gemüse lieber.

4 Portionen Getreide – Optimal wäre, Sie setzen bei den Kohlenhydraten vorwiegend auf Vollkornprodukte. Naturreis, Vollkornnudeln und Vollkornbrot machen lange satt und kurbeln die Verdauung an. Doch Achtung: Wer von Vollkornprodukten Verdauungsprobleme bekommt, sollte sich nicht dazu zwingen. In diesen Fällen kann tatsächlich Weißmehl die bessere Wahl sein. Wer auf der sicheren Seite sein möchte, kauft Vollkornmehl immer vollständig fein gemahlen, ohne ganze Körner und Schrotbestandteile. Dinkel wird von den meisten gut vertragen. Die Regel »je dunkler das Brot, desto vollwertiger ist es«, stimmt übrigens überhaupt nicht. Viele Brote werden heute mit Malzzucker oder Sirup dunkel gefärbt. Auch die Begriffe »Mehrkornbrot« oder »Fitnessbrot« sagen rein gar nichts aus. Ob Sie echtes Vollkornbrot vor sich haben, erkennen Sie an der Zutatenliste, zumindest bei abgepacktem Brot. Jede Zutatenliste beginnt mit dem mengenmäßig größten Bestandteil des Produkts, das ist bei allen Waren so. Bei vollwertigem Brot sollte folglich der Begriff »Vollkorn« an erster, zweiter oder zumindest an dritter Stelle genannt werden. »Vollkornschrot« oder »Vollkornmehl« steht dann beispielsweise da und bedeutet, dass das volle Korn vermahlen wurde. Wer sein Brot beim Bäcker kauft, muss nachfragen und auf die Kenntnisse der Fachverkäuferin vertrauen.

Die Getreideportionen können über den Tag beliebig aufgeteilt werden, etwa in zwei Scheiben Brot zum Frühstück plus zwei kleine Portionen Nudeln zum Abendessen. Oder in zwei Einheiten Kartoffeln plus eine Portion Reis und eine Scheibe Brot. Wichtig: Eine Portion sollte dem Volumen einer kleinen Kaffeetasse entsprechen. Das ist nicht wirklich üppig, werden Sie jetzt denken. Stimmt, aber mit der Zeit werden Sie sich an die geänderten Portionsgrößen gewöhnen. Wer es besonders eilig hat mit dem Abnehmen, kann versuchen, die Getreide-Kohlenhydrate vorrangig morgens und mittags zu verzehren und abends auf reine Eiweißmahlzeiten zu setzen.

3 Portionen Milchprodukte – Eine Milchprodukt-Portion entspricht einer Scheibe Käse oder einem kleinen Joghurt. Wenn Sie unbedingt zu fettarmen Produkten greifen möchten, übertreiben Sie es bitte nicht, sonst schmeckt die Milch nicht mehr nach Milch, sondern nach gefärbtem Wasser. Milchprodukte mit einem Fettanteil von unter 1,5 oder 1,8 Prozent sollten Sie meiden, denn oft steckt in den Joghurts mit 0,1 Prozent Fett viel Zucker sowie eine Menge an künstlichen Geschmacksverstärkern, damit die Milchprodukte überhaupt nach etwas schmecken. Mein Tipp: Mischen Sie Naturjoghurt mit frischem Obst oder einem halben Teelöffel (im Idealfall selbst gemachter) Konfitüre. Das ist günstiger, leckerer und enthält weniger Zusatzstoffe als fertiger Fruchtjoghurt. Joghurt lässt sich übrigens auch prima zu Hause selbst machen, die Geräte dafür gibt es in jedem Reformhaus. Wenn Sie Frischkäse mögen, ist die Version mit 16 Prozent fettarm genug und vom Geschmack her noch ausreichend cremig. Beobachten Sie Ihren Körper, um herauszufinden, wie gut Sie Milchprodukte vertragen. Ständiges Magengrummeln nachdem der Lieblingsjoghurt verzehrt wurde? Dann verzichten Sie lieber darauf.

1 Portion Fisch oder Fleisch – Diese Portion sollte nur so groß sein wie Ihr eigener Handteller. Keine Angst vor fettem Fisch: Lachs, Hering, Thunfisch und Makrele enthalten viele gesunde essenzielle Fettsäuren, die der Körper selbst nicht herstellen kann. Hühnchen-, Schweine- und Rinderfilet ist von Natur aus mager, Hackfleisch ersetzen Sie am besten durch Tatar. Wenn es das herkömmliche Hack aus der Supermarkt-Tiefkühltruhe sein soll, greifen Sie am besten zu purem Rinderhack. Dieses hat weniger Kalorien als die »Halb und halb«-Version, ist allerdings auch ein paar Cent teurer. Nackensteaks und Bratwürste sollten Sie sich aufgrund des hohen Fettgehalts nur hin und wieder zum absoluten Genuss gönnen. Fettarme Geflügelbratwürste schmecken übrigens auch gar nicht so schlecht. Streichwurst enthält viele versteckte Fette, am besten nur sparsam aufs Brot streichen.

2 Portionen Fett – so viel sollte pro Tag reichen. Das entspricht zwei Esslöffeln voll an sichtbarem Fett, ausgedrückt in Gramm sind das 70 bis 80. Der Durchschnittsdeutsche kommt pro Tag übrigens auf rund 170 Gramm Fett. Im Idealfall werden die zwei Portionen aufgeteilt in Streichfett und Öl. Faustregel: ein Esslöffel Öl pro Portion gebratenem Fleisch oder Fisch und ein Teelöffel Öl pro Portion Salat.

1 Portion Süßes – oder wahlweise auch ein Glas Alkohol am Tag. So viel darf es täglich sein, auch beim Abnehmen. Genuss ist schließlich ganz wichtig, und wenn die Leckereien maßvoll genossen werden, schlagen sie sich auch nicht auf den Hüften oder am Bauch nieder.

So weit, so gut. Eine Ernährung nach dem Pyramidensystem ergibt Sinn, das Schwierige ist nur: Wer schafft es schon, das alles auch wirklich jeden Tag umzusetzen? Wohl nur die wirklich Disziplinierten unter uns. Wenn Ihnen die Pyramidenregeln zu kompliziert erscheinen, dann halten Sie sich wenigstens an eine einzige, und zwar an »Fünf am Tag«, also an fünf Portionen Obst und Gemüse täglich.

Mit diesen verzehrten drei Portionen Gemüse und zwei Portionen Obst haben Sie schon viel erreicht. Hut ab vor dem, der dieses Grünzeugpensum jeden Tag schafft. Es ist nicht einfach und erfordert einiges an Planung im Voraus, aber es ist machbar. Zum Frühstück Müsli mit einem klein geschnittenen Apfel, zum Mittagessen eine Gemüsepfanne mit Reis, als Nachmittagssnack eine Kiwi und zum Abendessen einen großen Salat mit Putenbruststreifen. Das wäre vorbildlich. Vielleicht schafft man das nicht an sieben Tagen pro Woche, aber als Anreiz taugt dieses Ziel allemal.

Leider haben Gemüsegerichte im täglichen Leben zwei

Nachteile – wenn wir ganz ehrlich sind. Erstens: Die Zubereitung dauert relativ lange, das Kleinschneiden ist zeitaufwendig. Zweitens: Gemüse ist nicht wirklich lange haltbar. Okay, vielleicht abgesehen von Salatgurken, Tomaten und Mais in Dosen. Trotzdem: Wem frisches, leichtes Essen und Vitamine wichtig sind, der sollte auch die Zeit, Muße und Aufbewahrungsmöglichkeiten für Gemüse finden. Auch dies ist eine Sache von Prioritäten. Denn Gemüse hat einen unschlagbaren Vorteil, es liefert relativ viel Masse bei relativ wenigen Kalorien und ist daher ein guter und gesunder Sattmacher. Tiefkühl-Gemüse ist zum Beispiel ganzjährig eine gesunde Alternative zum Selber-Schnippeln, denn es ist besser als sein Ruf. Meist wird es sofort nach der Ernte eingefroren und enthält immer noch sehr viele Vitamine.

Schatz, wir gehen aus

Morgens eine Quarktasche vom Bäcker, mittags schnell zum Italiener, abends wird ein Gericht vom China-Imbiss mit nach Hause genommen – ganz klar, unser moderner Lebensstil mit dem vielen Essen außer Haus wirkt sich negativ auf unsere Kalorienbilanz aus. Viele von uns nehmen die meisten ihrer Mahlzeiten inzwischen nicht mehr zu Hause, sondern unterwegs, bei der Arbeit, am Imbissstand oder sogar im Vorbeigehen ein – und das ist fatal. Snacks werden oft hastig hinuntergeschlungen, so schnell, dass unser Sättigungszentrum den Reiz gar nicht bewusst wahrnimmt. Sollten Sie auch zu dieser modernen Schnellesser-Spezies gehören, dann nehmen Sie sich zumindest vor, ab sofort nicht mehr im Gehen und Stehen zu essen. Setzen Sie sich hin, und genießen Sie bewusst. So stellen Sie sicher, dass das Signal »Nahrung kommt« auch in Ihrem Unterbewusstsein ankommt. Essen, das nicht in Hektik, sondern in Ruhe verzehrt wird, macht glücklicher und gleichzeitig länger satt.

Schlanke Alternativen auswählen

Bei den Themen Essen und Trinken treffen wir jeden Tag unzählige, oft auch unbewusste Entscheidungen. In der Kantine Pommes mit Mayo bestellen oder doch lieber nur Reis mit Gemüse? Abends eine Gemüsepfanne oder doch lieber schnell ein Wurstbrot schmieren? Kleine Entscheidungen können, über die Woche gesehen, große Auswirkungen haben. Leichte, abwechslungsreiche Kost hat nichts mit Verzicht zu tun, sondern damit, dem eigenen Körper etwas Gutes zu tun. Mehr Energie, größeres Wohlbefinden und ein verbesserter Gesundheitszustand sind die Folge. Wer sich im Laufe der Zeit daran gewöhnt, Dickmacher durch gesündere fettarme Alternativen zu ersetzen, braucht sich nichts zu verkneifen und lebt gesünder. Hier eine kleine Auswahl:

Kalorienbewusste Ersatztabelle:
- zum Frühstück: Vollkornbrot statt Toast;
- in der Bäckerei: Rosinenbrötchen statt Croissant;
- zum Mittagessen: Gemüseeintopf statt Tiefkühlpizza;
- als Nachmittagssnack: frische Beeren statt Pralinen;
- beim Kaffeeklatsch mit den Freundinnen: Hefezopf statt Sahnetorte;
- im Café: Cappuccino statt Latte macchiato;
- im Eiscafé: Eiskaffee ohne Sahne statt Spaghetti-Eis;
- beim Abendbrot: Putenaufschnitt statt Salami;
- abends auf der Party: Weinschorle statt Rotwein;

- im Fast-Food-Restaurant: Salat und Hamburger statt Pommes und Riesenburger;
- beim Grillen: Hühnerbrust statt Rostbratwurst;
- vor dem Fernseher: Kerne und Nüsse statt Chips.

Zwischendurch snacken oder nicht?

Auch das ist eine Frage, an der sich die Geister scheiden. Verfechter des »Schlank im Schlaf«-Prinzips oder Fans von »Metabolic Balance« essen zwischen ihren drei Hauptmahlzeiten fünf Stunden lang nichts. Gar nichts. Ihr Argument: Der Insulinspiegel soll nach dem Essen absinken und nicht durch Snacks wieder in die Höhe getrieben werden. Nur auf diese Art könne der Körper optimal Fett verbrennen. Wer damit gut leben kann und wem eine fünfstündige Nahrungspause keine Probleme bereitet: super! Es ist tatsächlich möglich, sich und seinen Körper daran zu gewöhnen. Denn klar ist, dass häufiges Naschen wirklich dick machen kann. Wer den ganzen Tag über snackt, auch wenn es nur kleine Portionen sind, hat am Ende wahrscheinlich mehr Kalorien zu sich genommen, als derjenige, der sich an seine festen Mahlzeiten gehalten hat. Die meisten Ernährungsexperten raten heute zu drei festen Hauptmahlzeiten mit – je nach Hungerlage – bis zu zwei zusätzlichen kalorienbewussten kleinen Zwischenmahlzeiten. »Regelmäßiges Essen ist gut für die Figur, denn es beugt dem Heißhunger zwischendurch vor«, sagt auch Ernährungsexpertin Julia Schreiner. »Wenn sich zwischendurch aber wirklicher Hunger meldet, rate ich zu eiweißreichen und kohlenhydratarmen Zwischenmahlzeiten. Kuchen und belegte Brötchen eignen sich nicht, weil sie den Insulinspiegel in die Höhe schnellen lassen«, so die Expertin.

Regelmäßige Mahlzeiten tun dem Körper gut, dass habe auch ich lernen müssen. Früher war es bei mir so: Ohne Frühstück aus dem Haus, um 12 Uhr dann mit einem Bärenhunger in die Kantine, und da habe ich dann oft mehr gegessen, als eigentlich nötig gewesen wäre. Danach der Fall ins sprichwörtliche Suppenkoma – der Bauch war voll, die Augen wurden müde. Gegen 18 Uhr auf dem Heimweg nagte dann aber schon wieder der Appetit, und um 19 Uhr zu Hause wurde der Kühlschrank geplündert. Ich gebe zu, wenn ich Hunger habe, kann ich ziemlich ungemütlich werden. Mein Mann weiß das mittlerweile, ihn habe ich schon oft mit meiner schlechten Laune wegen subjektiv empfundenen Nahrungsmangels in den Wahnsinn getrieben. Sobald ich satt bin, bin ich dann zwar wieder brav. Trotzdem, gut ist das nicht. Nicht für die Partnerschaft und auch nicht für die schlanke Silhouette, weil man beim lang ersehnten Futtern ja meistens mehr isst, als Verstand und Hunger eigentlich erlauben. Vernünftiges Essen sieht anders aus.

Inzwischen haben wir uns angewöhnt zu frühstücken. Für mich war das tatsächlich ein Umbruch, weil ich seit meiner Schulzeit nicht mehr wirklich gefrühstückt habe. Aber es geht. Und es hilft. Ich musste mir eingestehen, dass ein gutes üppiges Frühstück wirklich für lange Zeit satt macht und tagsüber meine Heißhungerattacken lindert. Wenn ich morgens süß frühstücke, also zum Beispiel Brot mit Marmelade oder Pflaumenmus, habe ich fast den ganzen Tag keinen Hunger auf Süßes mehr. Na ja, die Betonung liegt auf »fast«. Aber es bringt wirklich etwas. Mit einem Frühstück fühle ich mich den ganzen Tag über besser gesättigt, und ich komme mit meinen drei Mahlzeiten dann gut aus. So verliert das Mittagessen seine Funktion als »rettende Hungerinsel«, und ich muss dem Gang in die Kantine nicht mehr nervös entgegenfiebern. Eine kleine, normale Portion reicht dann mittags meist.

Mein neues Lieblingsfrühstück heißt übrigens Porridge. Klingt nicht gut, sieht auch ein bisschen gewöhnungsbedürftig aus, aber es schmeckt und macht garantiert bis zum Mittagessen satt. Einfach ein paar Esslöffel Haferflocken in Milch aufkochen, darunter eine klein geschnittene Banane oder einen geriebenen Apfel mischen – fertig. Lecker cremig und schön warm, besonders zu empfehlen im Winter. Früher habe ich morgens tatsächlich keinen Bissen runtergekriegt. Inzwischen geht das gut. Wenn Sie sowieso schon jeden Tag frühstücken: prima. Ein gutes Frühstück wird auch in jedem Ernährungsratgeber empfohlen. Aber das Wissen um die Wichtigkeit der ersten Mahlzeit des Tages reicht eben oft nicht aus. Wenn Sie morgens partout nichts essen können oder wollen, probieren Sie es doch mal mit einem frisch gepressten Früchteshake oder einem Molkedrink. »Im Idealfall nehmen Frühstücksmuffel ein belegtes Vollkornbrot und Obst mit zur Arbeit«, rät Ernährungsfachfrau Julia Schreiner.

Wenn am Nachmittag trotzdem der kleine Hunger kommt: »Snacks wie ein Vollkornzwieback, ein halber Müsliriegel oder eine Banane sind ideal«, rät Anti-Diät-Club-Patin und Ernährungsberaterin Andrea Sillack. Ein Stück Obst, Naturjoghurt, Vollkorncracker, Reiswaffeln oder ein paar Salzstangen treiben Ihren Blutzuckerspiegel nicht in die Höhe, wie es etwa Schokoriegel und Sahnetorten tun. Diese sollten Sie sich lieber für besondere Gelegenheiten aufheben. Achtung: Manche Menschen bekommen von Äpfeln regelrecht Heißhunger. Falls Sie auch dazugehören, verzichten Sie lieber auf Obst als Zwischenmahlzeit.

Saisonal und regional ist Trumpf

Neben der »Fünf-am-Tag«-Regel gibt es eine weitere gute, die ebenfalls leicht zu merken ist: Essen Sie wie Ihre Großeltern. Regelmäßig, saisonal und wenn möglich regional. Produkte aus der Region haben in der Regel keinen langen Transportweg hinter sich, schonen so die Umwelt und sind gleichzeitig auch noch frisch. Die regionale Küche ist seit einigen Jahren sowieso wieder schwer im Trend, warum nicht davon profitieren? Wenn Sie dazu auch noch saisonal kochen, bekommen Sie frisch geerntete Obst- und Gemüsesorten mit besonders hohem Nährstoffgehalt auf den Tisch und erleben den Wechsel der Jahreszeiten auch auf Ihrem Teller mit. Wer braucht schon im Februar Erdbeeren aus Ägypten? Das Geld können Sie sich sparen und lieber in frische und jahreszeittypische Produkte investieren. Hier eine kleine Auswahl von saisonalen Produkten in den verschiedenen Monaten:

- *Januar:* Äpfel, Mandarinen, Grünkohl, Möhren, Rosenkohl, Rotkohl, Schwarzwurzeln, Wirsing, Steckrüben, Rote Bete, Sellerie, Lauch, Walnüsse, Esskastanien
- *Februar:* Rosenkohl, Chicorée;
- *März:* Feldsalat, diverse Kohlarten;
- *April:* Radieschen, Frühlingszwiebeln, Spinat, Blumenkohl, Tomaten;
- *Mai:* Erdbeeren, Rhabarber, Spargel, Champignons, Spitzkohl, Eichblattsalat, Kopfsalat, Lollo Rosso, Auberginen, Buschbohnen, Erbsen, Kohlrabi, Wirsing;
- *Juni:* Kirschen, Melonen, Pfirsich, Nektarinen, Aprikosen, Blumenkohl, Brokkoli, Salatgurke, Mangold, Paprika, Zucchini;
- *Juli:* Kirschen, alle Beerensorten, Tomate, Zucchini, Aubergine, Rettich, Zwiebeln, Mangold, Fenchel;

- **August:** Pflaumen, Kirschen, Aprikosen, Birnen, Brombeeren, Rettich, Erbsen;
- **September:** Quitten, Preiselbeeren, Feldsalat, Fenchel, Paprika, Kürbis, Spinat, Rote Bete;
- **Oktober:** Äpfel, Cranberries, Weintrauben, Rote Bete, Bohnen, Brokkoli, Fenchel;
- **November:** Pastinaken, Grünkohl, Wirsing, Rosenkohl, Brokkoli;
- **Dezember:** Orangen, Granatäpfel, Nüsse, Chinakohl, Steckrüben, Rosenkohl, Sellerie, Chicorée, Kürbis, Lauch.

Probieren Sie immer wieder mal neue Kochrezepte, und wählen Sie diese passend zur Saison aus. Es macht Spaß, neue Gemüsesorten für sich zu entdecken. Wie schmecken noch mal Mangold oder Pastinaken? Probieren Sie es aus, und freuen Sie sich an den neuen Geschmackserlebnissen. Wie wäre es denn zur Abwechslung mal mit Tofu oder mit Hackfleisch aus Soja? Wenn man sich angewöhnt, diese Produkte lecker zuzubereiten, hat man ein schnelles gesundes Eiweißgericht auf dem Tisch. Ebenfalls abwechslungsreich: der grießartige Couscous. Schmeckt mit frischen Zutaten super und ist in fünf Minuten verzehrfertig.

Gemüsesuppe geht immer

Immer zu empfehlen, weil lecker und kalorienarm, sind Gemüsesuppen, die Sie schnell frisch oder mit Tiefkühlware selbst zubereiten können. Suppen wärmen optimal und machen durch ihren hohen Flüssigkeitsgehalt relativ lange satt. Außerdem können sie schnell fettarm aufgepeppt werden, mit Schinkenwürfeln, Ei oder Kernen. Kerne und Nüsse sind sowieso sehr zu empfehlen. Sie enthalten viel gesundes Fett und eignen sich wunderbar, wenn unbedingt etwas zum Knabbern hermuss. Lassen Sie die gerösteten und gesalzenen Erdnüsse und Cashewkerne aber lieber im Supermarktregal liegen, und halten Sie sich an unbehandelte Walnüsse oder an ungeschälte Mandeln. Beide machen satt und bändigen den Heißhunger. Übrigens auch ein idealer Snack für unterwegs.

Und zack! ist die Tüte leer

Es gibt manche Lebensmittel, die regelrecht süchtig machen. Beim einen ist es die Schokolade, beim anderen sind es die Chips. Bei mir sind es Kekse und Kuchen. Ist die Schokokekspackung erst einmal geöffnet, ist sie im Handumdrehen auch schon wieder leer. Das ist einfach so. Wenn ich einmal anfange, kann ich nur schwer wieder aufhören. Wie kommt man bloß los von seinen persönlichen Süchten? Wahrscheinlich gar nicht. Unsere Vorlieben werden meist schon früh in unserer Kindheit geprägt, oft hängen sie auch mit vielschichtigen psychologischen Faktoren zusammen wie Zuwendung, Belohnung und Akzeptanz. Das werden Sie selbst erkennen, wenn Sie einmal intensiver über den Zusammenhang nachdenken, warum Ihnen manche Speisen besonders gut schmecken und welche Erinnerungen Sie mit ihnen verbinden. In meiner Kindheit gab es regelmäßig mittags Miracoli, und noch heute ist dieses Schnellgericht ein kulinarischer Hochgenuss für mich. Einem guten Freund von mir geht es ähnlich. Er isst seine Nudeln am liebsten mit dem Tomatensoßen-Päckchen von Maggi – ein Mittagessen lange erprobt von seiner Mutter und somit auch von seinen Geschmacksnerven.

Bei chronischem Heißhunger auf Süßigkeiten kann es helfen, sich selbst Grenzen zu setzen und sich zu fragen, habe ich jetzt wirklich Appetit darauf, oder möchte ich das nur essen, weil ich es jetzt gerade sehe? Wenn ich weiß, dass ein bestimmtes Lebensmittel Raucheffekte bei mir auslöst, muss ich einfach aufpassen. Auch wenn ich am liebsten jeden Tag Schokokekse essen würde, versuche ich zumindest an der Hälfte der Wochentage ohne sie auszukommen. Ich gebe zu, das gelingt nicht immer. Aber wenn ich die Gefahr erkannt habe, kann ich auch versuchen, sie zu bannen. Auch wenn das ab und zu wirklich schwerfällt. Vor allem wenn die Packung sowieso schon halb leer gefuttert ist. Dann neigt man dazu, gleich die komplette Schachtel zu vernichten. Packung leer, Magen voll, ab in den Müll mit den Plastikresten. So sind alle Spuren verwischt, und die Ordnung ist zumindest äußerlich wiederhergestellt. Nur das schlechte Gewissen bleibt.

Erst herzhaft, dann süß, dann wieder deftig

Oft ist es interessanterweise ja so, dass gerade der Konsum von hochkalorischen Kohlenhydratgerichten die Lust auf Süßes nach sich zieht. Nach einem üppigen Teller Pasta mit Sahnesauce oder einer Pizza Calzone fehlt uns einfach noch das süße Tüpfelchen auf dem I. »Kohlenhydrate können im Magen eine Wirkung entfalten wie ein Sog«, weiß Ernährungsberaterin Jutta Knötgen. Je mehr man von ihnen isst, desto größer wird das Verlangen nach ihnen. Gerade abends kennen das viele: Man hat eigentlich lecker und üppig gegessen und kann trotzdem den Gang zum Süßigkeitenschrank wieder und wieder nicht lassen. Und 20 Minuten nachdem die halbe Tafel Marzipanschokolade verputzt und der Insulinspiegel wieder im

Keller ist, ertappt man sich bei dem Gedanken: Jetzt etwas Herzhaftes! Dann muss die Käsetupperbox im Kühlschrank dran glauben. Deftig – süß – deftig – süß: Diesen gefühlten Teufelskreis der Lebensmittelvernichtung kennen viele.

Was da helfen kann, sind Eiweißmahlzeiten, besonders abends. Ein Stück Fisch mit Salat oder ein Hühnerfilet mit Blumenkohl haben überraschenderweise oft weniger Kalorien als ein üppig belegtes Käse- oder Wurstbrot. Und: Solche Gerichte können den Heißhunger auf Kohlenhydrate stoppen. Eiweiß sättigt gut, aber setzt nicht an und belastet nicht, der Magen fühlt sich zwar gut gefüllt, aber dennoch leicht an

Zugegeben, das klappt nicht jeden Abend. Vor allem wenn man eingeladen oder unterwegs ist, sind abends oft Kohlenhydratbomben angesagt. Außerdem sind wir Westeuropäer nun einmal klassische Abendbrot-Esser. Aber wer mag, kann wenigstens versuchen, an mehreren Abenden pro Woche auf Brot und Nudeln zu verzichten und an ihrer Stelle auf Eiweißgerichte zu setzen. Dazu gehören auch so leckere Sachen wie Tomaten mit Mozzarella oder ein üppiger Salat mit Champignons und Lachs. Diese Theorie der sogenannten »Insulin-Trennkost« nach dem Essener Mediziner Dr. Detlef Pape und seinen Kollegen ist schon seit Längerem schwer in Mode. In den erfolgreichen »Schlank im Schlaf«-Abnehmratgebern wird genau dieses Prinzip beschrieben, und Dr. Rudolf Schwarz, ehemaliger leitender Betriebsarzt bei den Kölner Stadtwerken und einer der vier »Schlank-im-Schlaf«-Autoren, hat die Methode auch bei einem Anti-Diät-Club-Abend vorgestellt: Abends nur Eiweiß, morgens nur Kohlenhydrate, mittags darf beides kombiniert werden. Wer diesem Prinzip streng folgt, darf zwischen den drei täglichen Mahlzeiten fünf Stunden lang nichts essen, damit der Blutzuckerspiegel nicht in die Höhe schnellt.

Probieren Sie aus, ob diese Methode zu Ihren Lebensgewohnheiten passt. Manch einem liegt diese Art von Trennkost, anderen wiederum gar nicht. Für viele Menschen gehören bei einem guten Essen Fleisch, Gemüse und Kartoffeln einfach zusammen. Auch gut, dann muss eben hauptsächlich über Portionsgröße und Kalorienanzahl reguliert werden und ganz wichtig: regelmäßig gegessen werden.

*** Adipöses Anekdötchen: Immer wieder montags***
Am Montag fange ich an. Wenn ich ehrlich bin, will ich immer montags anfangen abzunehmen. Weil ich am Wochenende oft ins Kino gehe und weil ein Film ohne Nachos mit Käsesauce und ganz ohne Popcorn einfach schwer zu ertragen ist. Ich setze sogar noch einen drauf und sage: Auch die Pizza danach beim Italiener ist für mich unverzichtbar. Wenn wir nicht ins Kino gehen, gehen wir mit Freunden samstags essen. Gutscheinbücher – mit ihnen gibt es in bestimmten Restaurants bei zwei bestellten Hauptgerichten ein Essen umsonst – laden doch geradezu dazu ein, sich nicht den Salat mit Putenbruststreifen zu bestellen, denn ... wenn ein Essen schon umsonst ist, dann muss es sich schließlich auch lohnen! Apropos Essengehen: das Verheerendste, was McDonald´s in den vergangenen Jahren tun konnte, war Sparmenü-extra-large-Gutscheine dem Wochenblättchen beizulegen. In früheren Zeiten war es für mich ohne Probleme möglich, zwei Burger, Pommes, sechs Hähnchen-Nuggets, einen halben Liter Cola und dann noch ein großes Eis als Nachtisch zu verspachteln. Ich konnte essen wie ein Mann – leider! Und nach einem so wunderschönen Wochenende kam dann der Montag. Morgens stand ich auf der Waage und ärgerte mich über mich selbst. Meine Motivation im Auto auf dem Weg zur Arbeit war grenzenlos: »Ab heute nehme ich

ab.« Doch leider hielten meine guten Vorsätze nicht lange. Noch bevor ich meine Tasche unter meinen Schreibtisch gestellt hatte, passierte es – wie an so vielen anderen Arbeitstagen auch: Ich wurde wieder schwach. Denn folgende Situationen gehören zu meinem Büroalltag: Mein Kollege hat Teilchen und eine Flasche Sekt gekauft, weil seine Frau schwanger ist. Meine Kollegin rennt mir mit der neuen Tafel »Milka Mousse au chocolat« hinterher und flötet zuckersüß: »Bitte probier doch mal! Nur ein Stück – ist doch nicht schlimm!« Mein Chef bestellt Mettbrötchen, weil die Besprechung mal wieder länger dauert. Von einer Kundin bekomme ich als Dankeschön Eierlikörpralinen aus Polen geschenkt. Die Halbtagskraft bringt Kuchen mit, der auf dem Kindergeburtstag nicht aufgegessen wurde.

Meine Bürokollegin war an der Reihe, unser Süßigkeitenglas aufzufüllen und hat im Supermarkt ausgerechnet meine Lieblingsleckereien erwischt. Es ist »Bayrische Woche« in der Kantine. Am Selbstbedienungsbuffet lacht mich die Schweinshaxe mit Knödeln an, und der Salat ist leider schon aus. Und dann ist alles wieder hin. Frustriert fahre ich nach Hause und bin geschafft vom Arbeitstag, da kommt mein Freund durch die Tür. Und noch bevor er mich begrüßt, fragt er: »Schatz, was gibt es zu essen?« Am Montag fange ich an, ganz bestimmt! Es sei denn, es kommt etwas dazwischen.

Von Stefani Müller, Anti-Diät-Club-Mitglied und bereit, den Montag künftig aus dem Kalender zu streichen und alle Gutscheinbücher und Fast-Food-Rabattmarken sofort an ihre Tanten und Nachbarinnen zu verschenken.

Lebensmittel nicht verteufeln

Merken Sie sich: Es gibt generell keine guten und keine schlechten Lebensmittel. Es gibt nur Nahrungsmittel, von denen es sich lohnt, jeden Tag viel zu essen (etwa Gemüse, Obst, Vollkornprodukte), und wieder andere, von denen man jeden Tag besser relativ wenig zu sich nehmen sollte (etwa Croissants, Currywurst, Chips). Die Dosis macht das Gift.

Eine weitere einfache Regel bringt Ordnung in das Chaos der unzähligen Ernährungsempfehlungen: Halten Sie sich hauptsächlich an die Nahrungsmittel, die gar nicht oder nur wenig industriell verarbeitet wurden und weitgehend im Rohzustand belassen wurden. Das Problem an industriell produzierten Fertiggerichten ist nicht nur ihr hoher Fett- und Kaloriengehalt – man weiß auch nicht, welche Zutaten genau enthalten sind in einer abgepackten Lasagne oder in einer Portion Fertiggyros. Meist lassen die Geschmacksverstärker und Zusatzstoffe grüßen.

Die perfekten Tage

Aber manchmal kommt man eben nicht drumherum. Mit den guten Vorsätzen klappt es eben nicht immer, auch bei mir nicht. An manchen Tagen funktioniert es mit der vorbildlichen Ernährung ganz gut, an anderen dafür umso weniger. Wenn Ihnen die Umstellung anfangs schwerfällt, folgen Sie am besten dem Rat von Patric Heizmann. Der Fitness- und Ernährungscoach setzt in seinem Buch »Ich bin dann mal schlank« auf perfekte Tage. Das sind Tage, an denen Sie konsequent auf gesunde Ernährung und Bewegung achten, Tage, an denen Sie eben versuchen, alles richtig zu machen. Und diese perfekten

Tage dürfen sich mit »normalen«, unperfekten Tagen abwechseln, zumindest am Anfang Ihrer Ernährungsumstellung. An den anderen Tagen können Sie sich also wieder auf die herkömmliche Art ernähren, nur wahrscheinlich möchten Sie das irgendwann gar nicht mehr. Je mehr perfekte Tage Sie hinter sich haben, desto besser werden sie Ihnen gefallen, weil Sie sich einfach wohler fühlen. Heizmann setzt übrigens auch auf das »Schlank im Schlaf«-Prinzip und empfiehlt, abends auf Kohlenhydrate zu verzichten.

Wenn Sie sowieso schon ein sehr kontrollierter Esser sind, erlauben Sie sich bitte einmal pro Woche, die Zügel schleifen zu lassen. Essen Sie, was Sie möchten, zum Beispiel jeden Samstag, ohne andauernd auf die Kalorienangaben zu achten. Solch ein einzelner Schlemmertag pro Woche tut Ihrer Seele gut und der guten Figur garantiert keinen Abbruch – wenn Sie wirklich aus vollem Herzen genießen.

Lassen Sie sich nicht verrückt machen

Zu manchen Lebensmitteln hört man immer wieder unterschiedliche Meinungen, zum Beispiel zum Thema Obst. Manche Experten raten Abnehmwilligen von Bananen ab, andere von Weintrauben aufgrund der relativ vielen Kalorien durch Fruchtzucker, andere sagen: »Obst und Salat ja, aber bloß nicht abends, das gärt im Magen.« Finden Sie auch hier Ihren eigenen Weg. Wenn Ihnen Bananen abends schmecken und ganz und gar nicht schwer im Magen liegen, dann essen Sie sie, und denken Sie nicht über eventuelle Gärprozesse nach. Alles was Ihnen guttut, ist auch gut für Sie. Ich esse Obst, wann immer ich Lust darauf habe, und so sollten Sie es auch handhaben. Sollten Sie jedoch von Bananen erst recht Hunger kriegen oder sollten Ihnen Mandarinen nicht schmecken – dann streichen Sie diese Obstsorten einfach wieder von Ihrem Speiseplan.

Mundgerechte Stücke sind verführerisch

Jeder, der Kinder hat, weiß, dass mundgerecht geschnittene Obststücke viel eher gegessen werden als ganze Früchte. Machen Sie sich diesen Trick zunutze, und schneiden Sie sich schon morgens die Früchte für Ihren Obstteller, den sie den Tag über verzehren wollen. Ins Sichtfeld stellen hilft zusätzlich. Alles, was in appetitlichen kleinen Häppchen auf dem Tisch steht, ist meist verlockend genug, um in den Mund gesteckt zu werden.

Dasselbe gilt natürlich für Gemüse. Wer keine Zeit hat, frisch auf dem Wochenmarkt einzukaufen, kann sich bei verschiedenen Anbietern (etwa bei Demeter oder www.gemuese-tuete.de) ein Biokisten-Abonnement bestellen und bekommt Tomaten, Sellerie und Co künftig ins Haus geliefert. Eine sehr praktische Idee. Denn wenn das Gemüse schon einmal im Haus ist, kann man es ja auch gleich verbrauchen. Gemüsesticks mit Kräuterquark-Dip sind schließlich der Abnehm-Knabber-Klassiker schlechthin und schmecken abends beim Fernsehen gar nicht so schlecht.

Salat – am besten in der schnellen und leckeren Variante

Ebenfalls ein Klassiker: Salat. Tausende Frauen bestellen jeden Abend in den Restaurants der gesamten Republik Salat mit Hähnchenbruststreifen. Warum eigentlich? Haargenau dasselbe Gericht kann man sich ja auch ohne viel Aufwand schnell zu Hause machen. Anstelle von Hühnerfilet schmecken als Extras im Salat auch Garnelen, Schafskäse oder gedünstete Champignons prima. Ein aufgepeppter Salat mit vielen frischen leckeren Zutaten kann das klassische Abendbrot also durchaus ersetzen.

Einziger Nachteil beim Salat: Das Schnippeln ist aufwendig. Oft mache ich es mir einfach und bereite gleich eine größere Portion zu, die ich dann mehrere Tage abgedeckt im Kühlschrank stehen lassen kann. Das Dressing mache ich separat und gieße es in ein hohes, verschließbares Plastikgefäß. So bleiben Salat und Sauce länger haltbar, und ich kann den Salat immer wieder frisch mixen. Dann muss man, wenn man hungrig nach Hause kommt, nicht erst das Schneidebrett aus dem Schrank holen, sondern kann das vorbereitete Grünzeug sofort genießen.

Frische Kräuter adeln jedes Gericht

Dass frische Kräuter nicht nur im Salat super schmecken, brauche ich Ihnen nicht zu erzählen, das wissen Sie. Jeder gute Profikoch arbeitet mit frischen Kräutern. Seit dem vergangenen Jahr weiß ich aus persönlicher Erfahrung, dass man auch ohne grünen Daumen ein ansehnliches Kräuter-Balkonbeet erfolgreich anlegen und nutzen kann. Es ist wirklich ganz einfach, preiswert, und es lohnt sich. Ein bisschen Erde, Samen und Wasser – fertig. Freuen Sie sich lieber über Ihre eigenen, selbst gepflanzten Petersilienblätter und Schnittlauchstängel auf der Fensterbank, als im Supermarkt immer wieder die teuren Basilikumtöpfchen zu kaufen, die bei mir sowieso immer recht schnell wieder verdorrt waren.

Werden Sie zum Bäcker

Was man ebenfalls prima selbst machen kann, ist Brot. Die Backautomaten sind inzwischen gar nicht mehr so teuer, und das frische Brot schmeckt einfach super, wenn es warm aus dem Ofen kommt. Mit einer Zeitschaltuhr kann man sogar über Nacht backen. Der einzige Nachteil: Die Automaten sind ziemlich laut und gleichzeitig auch ziemlich klobig. In der Küche nehmen sie den Platz der halben Arbeitsplatte ein. Wer keine Maschine hat oder will, der schiebt sein Brot ganz einfach in den normalen Küchenofen.

Weißes weiches Toastbrot sollten Sie von Ihrer täglichen Verzehrliste streichen, es enthält fast nur leere Kalorien. Viel gesünder: Vollkornbrot. Wenn Sie bei sich in der Nähe einen guten Bäcker haben, der viele Vollkornprodukte anbietet: Glückwunsch! Ansonsten lohnt sich auch immer mal wieder der Gang ins Reformhaus. Vollkornbrot macht nicht nur länger satt und schmeckt besser, es bleibt auch länger frisch. Allein das rechtfertigt den – oft nur geringfügig – höheren Preis.

Sie sehen also, man kann vieles tun, um die eigene Küche zu bereichern. Oft sind es die kleinen Dinge, die den Unterschied machen. Essen ist Genuss, Essen ist Freude und genau so sollte es auch sein. Versagen Sie sich nichts. Achten Sie lieber auf gute Qualität. Beim Fleisch, beim Obst, beim Gemüse. Investieren Sie in die Lebensmittel, die Ihnen schmecken, lassen Sie sich Ihr Essen etwas wert sein.

Glücklich durch gutes Essen

Sie werden merken: Gutes Essen macht glücklich und zufrieden. An einem Wintersamstag habe ich mittags einmal die

Probe aufs Exempel gemacht. Aufgrund akuten Heißhungers habe ich mir die Maggi-Tüten-Mahlzeit »Gebratene Nudeln süßsauer« in die Pfanne gehauen. Wasser drauf, sieben Minuten köcheln lassen, fertig. Geschmeckt haben die Nudeln wie ein matschiger Pappebrei mit Asia-Aromen. Das Resultat: Obwohl ich nach der Mahlzeit satt und mein Magen gefüllt war, war ich nicht glücklich. Die Mahlzeit hat zwar körperlich, aber nicht seelisch gesättigt.

Genau dieses Phänomen beschreibt auch der Mediziner Gunter Frank in seinem Buch »Lizenz zum Essen«: »Ich glaube, dass so zubereitete Speisen (Fertig- und Convenience Food) zwar satt machen, aber dass sie auf eine Weise, die noch niemand erforscht hat, richtig gekochte Nahrungsmittel nicht ersetzen können. Meiner Meinung nach merkt unser Organismus, dass er an der Nase herumgeführt wurde, und deswegen sind wir nach dem Verzehr solcher Speisen zwar satt, aber nicht zufrieden.« Der Experte plädiert in seinem Buch für mehr Selbstgekochtes. »Kinder brauchen keine Ernährungsberatung, sondern Grundfertigkeiten beim Kochen. Davon werden sie das ganze Leben profitieren.«

Frisch zubereitetes und authentisches Essen macht einfach glücklicher. An meinem besagten Samstag mit der Fertig-Asia-Nudelpfanne gab es abends dann bei mir zu Hause selbst gemachte Rinderrouladen mit Rotkohl und Knödeln. Ich weiß, nicht gerade ein Abnehmgericht, aber weil dieses Essen so gut, frisch und authentisch geschmeckt hat, reichte auch eine normale Portion zur Sättigung völlig aus. Nach dem Verzehr habe ich mich gestärkt und zufrieden gefühlt. Also: Nehmen Sie sich Zeit für die Zubereitung, setzen Sie auf gute Qualität, und lassen Sie es sich schmecken. Und: Tun Sie das lebenslang. Dann werden Sie mit dem Halten Ihres Gewichts auch keine Probleme bekommen.

Planen Sie Ihre Mahlzeiten im Voraus. Stellen Sie am Sonntag Ihren Essensplan für die kommende Woche auf, überlegen Sie sich, was Sie wann kochen wollen, und gehen Sie mit einer Liste einkaufen.

Zeitnot als Ausrede gilt nicht. Für eine Gemüsepfanne muss man keine Stunde in der Küche stehen.

60 Kilo runter in einem Jahr
Interview mit Axel Aldenhoven (40)

Der Kölner hat es geschafft, vom Sportmuffel zum Marathonläufer zu werden – mit einer Ernährungsumstellung und viel Bewegung.

Herr Aldenhoven, 60 Kilo weg innerhalb eines Jahres – wie haben Sie das geschafft? Nach unzähligen erfolglosen Diätversuchen und einem Gewicht von 169 Kilogramm habe ich mir Silvester 2006 das konkrete Ziel gesetzt: Im neuen Jahr nimmst du 60 Kilo ab. Anfangs habe ich mit einer reinen Gemüse-Diät begonnen. Vor allem Rohkost habe ich bergeweise in mich reingeschoben.

Das Durchhalten war kein Problem? Na ja, ich habe dann eine Kur beantragt, mein Hausarzt hat mir dabei geholfen. Ich hatte ja nicht nur Adipositas III, sondern zusätzlich auch noch Asthma und Gelenkprobleme. Leider ist Adipositas offiziell noch nicht als Suchtkrankheit anerkannt. Das finde ich sehr schade, denn noch heute bin ich suchtkrank und habe oft Rückfälle.

Hat die Kur Ihnen helfen können? In Bad Kissingen habe ich festgestellt, dass ich ernährungstechnisch schon sehr fit war, aber in Sachen Bewegung musste ich noch einiges lernen. Dort habe ich Nordic Walking, Wassergymnastik und weitere Fitnessprogramme ausprobiert und die Lust am Sport entdeckt.

Im Oktober 2009 sind Sie in Köln Ihren ersten Marathon gelaufen. Wie haben Sie das geschafft – von der Couch-Potato zum Laufprofi? Die Kur hat mich in diesen Bewegungsdrang versetzt. Nur mit Ausdauersport konnte ich die letzten 20 Kilo abnehmen. Angefangen hatte ich ja mit Nordic Walking. Irgendwann kam ich aber nicht mehr in den Fettverbrennungspuls. Da habe ich dann angefangen zu schwimmen. Auf das Joggen bin ich dann im Urlaub gekommen, als ich meine Walking-Stöcke vergessen hatte. Da habe ich mir gedacht. »Probier doch mal, ein paar Meter zu laufen.« Erst waren es nur fünf Minuten am Stück. Inzwischen gehe ich mindestens dreimal pro Woche joggen.

Was gibt Ihnen die Bewegung? Für mich ist der Sport eine Kompensation, um meine »alte« Lebensqualität begrenzt weiter genießen zu können. Mein Leben lang auf Kölsch und Sauerbraten verzichten – das möchte ich nicht. Inzwischen geht es mir schlecht, wenn ich mal aus gesundheitlichen Gründen eine Woche nicht joggen kann.

Früher haben Sie täglich zu Pizza, Döner und Co gegriffen. War es nicht schwer, von diesen Kalorienbomben loszukommen? Ich habe meine persönliche Fliegenpilz-Theorie entwickelt. Über NLP – neurolinguistisches Programmieren – habe ich mein Denkmuster darauf geprägt, dass ich Süßigkeiten, Alkohol und fettige Gerichte als giftige Fliegenpilze betrachte und nicht mehr esse. Anfangs dachte ich, das klappt nie. Doch für mich ist es einfacher zu sagen, »das ist kein Lebensmittel für mich«, anstatt mir einzureden, es fiele mir leicht, auf Knödel und Apfelrotkohl zu verzichten.

Und das hat wirklich geklappt? Ich hatte nie Probleme, komplett auf bestimmte Lebensmittel zu verzichten. Noch heute ist es für mich unmöglich, etwas in Maßen zu tun. Ich kann besser auf meine Lieblingsschokolade ganz verzichten, als nur einen kleinen Riegel zu essen. Man sollte immer den für sich persönlich leichteren Weg wählen. Der Totalverzicht war für mich nur ein paar Tage hart. Danach ging es.

Was fiel Ihnen beim Abnehmen sonst noch schwer? Meine gute Laune war weg. Fressen gibt einem so viele Glückshormone, es macht einfach zufrieden. Gehen Sie mal in einen Zoo. In einem Käfig sitzt ein hungriger Löwe, im anderen Käfig ist der Löwe schon gefüttert. Welcher hat wohl die bessere Laune?

Wie schaffen Sie es heute, Ihr Gewicht zu halten? Durch den Sport und regelmäßige Gewichtskontrolle. Das bedeutet aber auch: Ab und zu ist ein Gemüsetag für mich zum Ausgleichen von Schlemmereien Pflicht.

Wie hat sich Ihr Leben im Vergleich zu früher verändert? Mein Umfeld reagiert anders. Die oberflächlichen Menschen – auf die ich übrigens auch heute noch gut verzichten kann – sind plötzlich ganz nett zu mir. Und ich hätte mir nie erträumt, jemals einen Marathon zu laufen.

Welche Tipps geben Sie anderen Abnehmwilligen mit auf den Weg? Es reicht nicht, sich in einem Fitnesscenter anzumelden. Da geht man eh nicht hin. Besser ist es, feste Verabredungen, etwa im Verein oder mit Bekannten, zu vereinbaren. Ich treffe meine Kollegen aus dem Sportverein dreimal pro Woche. Wenn ich mal keine Lust aufs Laufen habe, denke ich daran, wie die Kollegen warten und mich später fragen, warum ich denn nicht da war. Wichtig finde ich auch, das eigene Abnehmziel offen zu kommunizieren. Etwa dem Umfeld und den Freunden zu sagen: »Ich will in drei Monaten sechs Kilogramm abnehmen. Kannst du mir bitte keine Süßigkeiten mehr anbieten und die auch nicht offen rumliegen lassen?« Wasser ist auch wichtig. Ich trinke heute zwischen vier und sechs Liter am Tag. Zwei bis drei Liter werden empfohlen. Bei mir ist das etwas mehr, weil ich beim Sport wahnsinnig viel schwitze.

5: ET BLIEV NIX, WIE ET WOR

Nichts bleibt, wie es war: Leben bedeutet Veränderung.
Wie Sie Ihre guten Vorsätze konkret in die Tat umsetzen und
was Ihnen dabei hilft.

Ärger in der Arbeit, Streit mit den Kindern, Diskussionen mit dem Partner: Kennen Sie solche Tage, an denen nichts klappt? »Heute abend mache ich Sport, um mich mal richtig abzureagieren«, Sie nehmen es sich diesmal wirklich fest vor. Und dann kommt er, der Abend. Draußen ist es dunkel und kalt, Sie kommen nach Hause und greifen als Erstes zum TV-Programm. Während Sie auf der Couch liegen und den Fernseher einschalten, geht Ihnen durch den Kopf: »Große Lust rauszugehen habe ich jetzt eigentlich nicht mehr.« Kurz nagen die Gewissensbisse, doch die schieben Sie schnell beiseite. »Ist doch jetzt eh schon egal«, denken Sie und machen es sich mit einer Tafel Joghurt-Schokolade auf dem Sofa gemütlich. Als Sie später müde in Richtung Bett schlurfen, plagt Sie das schlechte Gewissen. Sie ärgern sich über sich selbst.

Wer dauerhaft abnehmen will, muss sich das Motto »Et bliev nix, wie et wor« vor Augen führen, am besten jeden Tag. Ihnen muss bewusst sein, dass sich Ihr Leben ändern wird. Und zwar ab sofort, denn das effektivste Mittel gegen überflüssige Pfunde ist eine Ernährungsumstellung plus Sport. Sport baut Muskeln auf, und diese verbrennen wiederum Energie, selbst dann, wenn man sich gerade nicht bewegt. Jetzt stöhnen Sie bestimmt geistig auf bei dem Gedanken an Hanteltraining und Dauerlauf. »Ich bin einfach kein Typ fürs Fitnessstudio«, sagen Sie vielleicht. Okay, das brauchen Sie auch nicht. Auf ausgeklügelte Trainingspläne und teure Heimtrainergeräte können Sie verzichten. Wichtig ist, dass Sie überhaupt in Bewegung kommen. Und das klappt am besten in kleinen Schritten.

Der zusätzliche Weg ist das Ziel

Wer lange nicht mehr sportlich aktiv war, sollte am besten mit Gehen oder Walking beginnen. Nehmen Sie sich vor, jeden Tag nach dem Abendessen noch eine Runde stramm um den Block zu spazieren. Zehn Minuten, das schafft wirklich jeder. Und mit der Zeit werden Sie merken, dass Sie fast wie von selbst schneller werden und ihre Strecke aus eigenem Antrieb verlängern wollen. Es muss nicht jeden Abend das Mammut-Sportprogramm sein, viel wichtiger ist, dass Sie sich überhaupt regelmäßig aufraffen. Bewegung macht nämlich Spaß, aber das merkt man so richtig erst, wenn man sich mal eine Zeit lang regelmäßig bewegt hat. Wenn Sie momentan noch zur Couch-Potato-Fraktion gehören, ist das für Sie vielleicht schwer vorstellbar. Aber es ist wirklich so: Nach drei Wochen regelmäßigem Walking-, Lauf- oder Schwimmtraining fehlt einem etwas, wenn man es plötzlich nicht mehr tut. Je mehr man sich bewegt, desto mehr Lust bekommt man auf Sport. Nutzen Sie diesen Gewöhnungseffekt gnadenlos aus.

Wie viel Sport muss sein?

Lieber kurz und regelmäßig als selten und lang, das sollte Ihr neues Bewegungsmotto sein. Forscher der Universität San Diego haben in Trainingsversuchen errechnet, dass schon 3000 zusätzliche Schritte an fünf Tagen pro Woche völlig ausreichen, um optimal aktiv zu sein. 3000 Schritte entsprechen etwa einem dreißigminütigen Spaziergang und einer Strecke von rund 2,4 Kilometern – abhängig natürlich von der individuellen Schrittlänge. Den Wissenschaftlern zufolge wirkt sich bereits diese moderate Form der Bewegung positiv auf Herzfrequenz und Sauerstoff aus, sodass Gesundheit und Wohlbefinden gleichermaßen profitieren.

Die Sache ist nur: Man muss es auch tun. Sie müssen es tun. Es reicht nicht, wenn Sie sich täglich sagen: »Jaja, ich sollte ja eigentlich ...« Wenn Sie trotzdem auf dem Sofa liegen bleiben, hilft auch der beste Vorsatz nichts.

Ich weiß, dass das nicht immer einfach ist. Unsere moderne Lebensweise ist ja auch alles andere als bewegungsfreundlich. Die meisten und längsten Strecken legen wir mit dem Auto zurück, viele von uns sitzen den ganzen Tag im Büro am Schreibtisch und bewegen sich höchstens auf dem Gang zur Toilette und zur Kantine. Viele von uns legen am Tag nur zwischen 500 und 2000 Schritte zurück, und das ist wirklich zu wenig. 10 000 Schritte jeden Tag wären optimal. Zwei Beispiele: Eine Rezeptionistin etwa geht im Schnitt nur 1200 Schritte pro Tag, eine Hausfrau mit Kindern legt dagegen täglich rund 13 000 Schritte zurück. Vom Kindergarten zurück nach Hause, runter in den Keller, hoch in die zweite Etage – da kommt schon einiges zusammen. Jeder Schritt zählt.

- Tisch decken für zwei Personen: 100 Schritte
- Fünf Stockwerke hochgehen: 200 Schritte
- Fünf Minuten zur Bushaltestelle gehen: 500 Schritte
- Zehn Minuten spazieren gehen: 1000 Schritte
- Eine Stunde joggen: 8000 Schritte
- Zwei Stunden mit dem Hund stramm spazieren gehen: 12 000 Schritte

Man verschätzt sich leicht bezüglich der eigenen Aktivität. Tipp: Kaufen Sie sich einen Schrittzähler. Die kleinen Geräte gibt es in Sportgeschäften und bei Krankenkassen meist schon für wenige Euro. Das Gerät wird einfach an den Gürtel oder die Hose gesteckt, und schon haben Sie Ihre Schrittanzahl im Überblick. Sie werden schnell merken, dass der Zähler eine große Motivationshilfe sein kann.

Mit Bewegung das Gewicht und die Cholesterinwerte senken

Jeden Tag 3000 Schritte extra – dafür plädiert das deutsche Gesundheitsministerium schon lange. Auch die Experten vom Zentrum für Gesundheit der Deutschen Sporthochschule in Köln sind überzeugt, dass schon ein täglicher dreißigminütiger Spaziergang äußerst effektiv ist. In einer Studie haben sie festgestellt, dass 3000 Schritte mehr am Tag den Cholesterinspiegel signifikant senken können. Untersucht wurden 153 Personen zwischen 23 und 59 Jahren, die täglich in ihrem Alltag rund 6600 Schritte zurücklegten. 15 Wochen lang wurden die Probanden angehalten, täglich 3000 Schritte zusätzlich zu gehen. Zur Selbstkontrolle erhielten sie einen Schrittzähler. Nach knapp vier Monaten zeigte sich, dass die Studienteilnehmer ihren Gesamtcholesterinwert im Schnitt von 211 auf 206 Milligramm pro Deziliter senken konnten. Noch stärker verbessert hatte sich der »böse« Cholesterinwert der Teilnehmer: von durchschnittlich 126 auf 118 Milligramm.

Eigentlich weiß es doch jeder: Bewegung hält fit und hilft, überschüssige Kilos zu verlieren. Das haben wir alle schon Hunderte Male gehört und gelesen, doch das theoretische Wissen allein reicht nicht. Auf die Umsetzung kommt es an.

Für mich persönlich ist der wirkungsvollste Motivationsgrund, dass Bewegung hilft, sich im eigenen Körper wohler zu fühlen. Wer mit dem Auto zur Arbeit fährt, den ganzen Tag vor dem Computer oder an der Supermarktkasse sitzt und abends auf der Couch vor dem Fernseher liegt, spürt seinen Körper so gut wie gar nicht mehr. Es ist paradox: Obwohl uns von den Werbeplakaten und Titeln der Fernsehzeitschriften ständig halb nackte Frauen entgegenlachen und ein schlanker Körper für viele als das erstrebenswerte Ziel schlechthin gilt, leben wir im Alltag in einer fast »körperlosen« Gesellschaft. Der Bauarbeiter, der Fliesenleger und die Krankenschwester – sie spüren ihren Körper abends nach einem langen Arbeitstag. Aber wer von den Sitzmenschen, den Schreibtischtätern, Schülern oder Rentnern tut das schon? Auch daher rührt es, dass viele das Gespür für ihren eigenen Körper verloren haben. Bewegung kann helfen, dieses Gefühl wiederzuentdecken.

Was die Sitzmenschen unter uns allerdings sehr oft spüren, sind die Schmerzen, die vom Bewegungsmangel herrühren. Meistens sind das Rückenschmerzen. Auch hier ist sportliche Betätigung das beste Rezept. Es mag widersinnig klingen, aber gerade wenn Ihnen viele Bewegungsabläufe Schmerzen bereiten, ist es wahrscheinlich Bewegung, die Ihnen fehlt. Viele von uns sind quasi »eingerostet«. Wenn Sie unsicher sind, ob und wie viel Sie sich bewegen sollten, lassen Sie sich von einem fachkundigen Arzt beraten.

Nichts bleibt, wie es war. Wer von einem geruhsamen auf ein bewegtes Leben umsattelt, wird den Unterschied spüren. Muskelkater, dieses leicht stechende Ziehen in Beinen oder Po, ist doch eigentlich ein gutes Gefühl. Man merkt, dass man etwas getan hat, dass der Körper gearbeitet und sich bewegt hat. Man spürt sich selbst wieder. Ausgepowert, aber glücklich – dieser Zustand ist schön und trägt zur Lebensfreude bei.

Und danach kann man das Ausruhen, die Entspannung noch viel mehr genießen. Schon allein deshalb sollten Sie das Laufen, Schwimmen oder Radfahren ab sofort zur Gewohnheit werden lassen. Wenn Ihre Zeit nicht zum täglichen Spaziergang reicht: Dreimal pro Woche eine halbe Stunde Bewegung wäre ebenfalls optimal.

Keine Zeit für Sport?

So so, Sie meinen also, Sie haben für Sport gar keine Zeit? Das stimmt nicht, denn diese Zeit müssen Sie sich einfach nehmen. Egal, wie stressig ihr Job ist, und ganz gleich, wie stark Ihre Familie sie fordert. Hier geht es um Prioritätensetzung. Wem Sport und Bewegung wichtig ist, der findet auch die Zeit dafür. Schaufeln Sie sich Freiräume. Eine Runde in den Park zu gehen, tut Körper und Seele abends besser, als stoisch durch das sowieso meist unbefriedigende Fernsehprogramm zu zappen. Wenn es abends partout nicht klappt, stehen Sie morgens eben früher auf und holen noch vor dem Frühstück die Nordic-Walking-Stöcke aus dem Schrank. Und: 15 Minuten radeln auf dem Heimtrainer während der Tagesschau geht doch eigentlich immer, oder?

> *»Wer abnehmen will, sollte sich selbst wichtig nehmen und andere vermeintliche Verpflichtungen auch einmal zurückstellen. Erst kommt der Sport und dann das andere – diese Einstellung hilft.«*
>
> Ilse Kretzschmar, Anti-Diät-Club-Mitglied

Ausreden gelten nicht, wer wirklich aktiv werden will, findet auch trotz Sitzjob die Gelegenheit dazu. Kleine Änderungen im Alltagsverhalten machen den Unterschied. Ignorieren Sie den Aufzug, und steigen Sie Treppen, benutzen Sie den Kopierer und die Kaffeemaschine im Nachbarbüro. Fahren Sie mit dem Rad zur Arbeit, wenn es möglich ist, oder steigen Sie mindestens zweimal pro Woche eine Haltestelle früher aus, und laufen Sie den Rest des Wegs zum Büro. Wer mit dem Auto fährt, kann den Wagen bewusst nicht auf dem Firmenparkplatz, sondern zwei Straßen weiter abstellen. Spazieren Sie mit ihrer Lieblingskollegin in der Mittagspause um das Firmengelände. So profitieren Sie von der Bewegung und der frischen Luft zugleich. Sie merken: Wer gehen will, kann sich ohne Probleme Zusatzwege schaffen. Werden Sie erfinderisch!

Wie setzt man die Theorie im Alltag um?

Dass der menschliche Körper mit all seinen vielfältigen Bewegungsmöglichkeiten nicht für das faule Herumliegen geschaffen wurde, leuchtet jedem ein. Bewegung ist das beste Lebenselixier, sie hält jung, stärkt die Abwehrkräfte und kurbelt die Glückshormonproduktion an.

Vielleicht können Sie sich ja durch folgendes Argument motivieren: Bewegung ist der beste Stresskiller. Es tut einfach gut, nach einem anstrengenden Tag in der Arbeit noch eine halbe Stunde am Rhein entlang zu walken. Nach der Runde fühlt man sich frisch, kraftvoll und glücklich, den inneren Schweinehund überwunden zu haben. Schöner Nebeneffekt: Die Grollgedanken gegen den Chef sind plötzlich auch schon so gut wie verpufft.

Muskeltraining – viel besser als sein Ruf

Der beste sportliche Garant für einen Abnehmerfolg ist eine gute Mischung aus Ausdauer- und Krafttraining. Was Ausdauertraining ist, wissen Sie – etwa Walking, Jogging, Radfahren und Schwimmen. Das allein reicht oft nur leider nicht, um die Kilos zum Schmelzen zu bringen. Besser ist es, wenn man Ausdauer- mit Krafttraining kombiniert. Denn wer Muskeln aufbaut, weist sein Fett in die Schranken. Die Muskeln sind unser größtes Stoffwechselorgan, nur in ihnen wird die Energie verbrannt. Mehr Muskelkraft bedeutet gleichzeitig weniger Körperfett – denn auch im Ruhezustand verbrennen unsere Muskeln Fett. Diäten wirken auch hier wieder kontraproduktiv: Wer diätet, verliert als Erstes nicht etwa Fett, sondern Wasser und Muskelmasse!

Ich weiß, Muskeltraining ist verpönt. Wenn Sie an Krafttraining denken, haben Sie vielleicht schwitzende Bodybuilder mit braun gegerbter Lederhaut im Sinn, doch Muskelaufbau ist in Wahrheit viel besser als sein Ruf. Sie wollen ja keine Muskelberge an Armen und Beinen, sondern einen schönen schlanken und definierten Körper. Und dazu brauchen Sie Muskeln. Doch wenn diese nicht beansprucht werden, verkümmern sie – das ist leider ein Naturgesetz. Professor Ingo Froböse, Leiter des Zentrums für Gesundheit an der Deutschen Sporthochschule hat bei einem Anti-Diät-Club-Abend bestätigt: »Muskeln überleben nur, wenn sie gebraucht werden, und wo sie verschwinden, siedelt sich Fett an.« Das ist besonders in der zweiten Lebenshälfte wichtig, denn mit zunehmendem Alter sinkt ohne zusätzliches Training die Muskelkraft kontinuierlich. Ab 30 verlieren wir pro Jahr rund ein Prozent unserer Muskelmasse, innerhalb von zehn Jahren machen das dann schon etwa drei bis vier Kilogramm Muskeln aus. Wenn wir dann so weiteressen, wie all die Jahre zuvor, ist es nur logisch, dass wir zunehmen. Weniger Muskeln bedeutet weniger Fettverbrennung. Das Schöne ist aber: Unsere Kraftpakete lassen sich schnell wieder aufbauen. »Denn Muskeln besitzen keine biologische Uhr«, so Professor Froböse. Alle 15 Jahre runderneuert sich unsere Muskulatur komplett. »Ich bin eben einfach alt« gilt daher als Rechtfertigung für faule Sofaabende ab sofort nicht mehr. Schonen Sie Ihre Muskeln nicht, sondern fordern Sie sie.

Am billigsten und unkompliziertesten geht das mit einem Theraband. Die Gummibänder sind für wenige Euro in verschiedenen Stärkegraden im Sportgeschäft erhältlich, und mit ihnen lassen sich zu Hause schnell und einfach Muskelübungen absolvieren. Auch die Kölner Sportwissenschaftlerin und Personal Trainerin Anke Daniels setzt auf die bunten Bänder aus Naturlatex: »Ich baue die Übungen in mein Krafttrainingsprogramm ein, weil sie sehr effektiv sind und somit Hanteln und andere Kraftmaschinen ersetzen. Die Bänder sind günstig, wiegen nicht viel, und man kann sie problemlos in den Urlaub oder auf Geschäftsreise mitnehmen.« Mit dem Theraband lässt sich die Muskulatur des ganzen Körpers trainieren, je nach Übung werden einzelne oder mehrere Muskelgruppen beansprucht.

Übungen finden Sie im Internet zum Beispiel unter www.thera-band.de oder in Büchern zum Thema. Wenn Sie sich ein kleines Trainingsprogramm zusammenstellen und die Übungen jeden Tag gewissenhaft nur 10 bis 15 Minuten lang absolvieren, haben Sie schon gewonnen. Und zwar ausreichend Muskelkraft für Ihr restliches Leben. Lassen Sie die Übungen zum täglichen Ritual werden wie das Zähneputzen. Sie werden sich bestimmt schnell daran gewöhnen, und bald schon wird das Fitnessstudio-Abo überflüssig. Wenn Sie gewissenhaft dabeibleiben, können Sie in den eigenen vier Wänden fit werden. Mit täglichen Kniebeugen und Liegestützen etwa. Wenn Sie keine Hanteln kaufen möchten, nehmen Sie gefüllte Plastikwasserflaschen, bei denen Sie das Gewicht je nach Füllgrad variieren. Und wenn Sie Jogging blöd finden, fangen Sie an, Seil zu springen. Oder stellen Sie ein Mini-Trampolin unter Ihr Bett und holen Sie es jeden Abend vor dem Schlafengehen zum Draufrumhopsen hervor.

Hibbelig werden aus Eigennutz

Machen Sie sich klar, dass Sie sich nicht deswegen bewegen sollen, weil es zum Zeitgeist oder zum guten Ton gehört, sondern ganz klar aus Eigennutz. Wenn Sie Sport treiben, tun Sie etwas für sich und für Ihren Körper. Oft ist es gar nicht die große Fahrradtour alle sechs Wochen oder der monatliche Schwimmbadbesuch, der uns wirklich fit hält, sondern die klitzekleinen Bewegungen im Alltag. Achten Sie mal darauf, schlanke Menschen mit einem guten Stoffwechsel machen das meist ganz automatisch. Sie hibbeln auf ihrem Stuhl, gehen beim Telefonieren auf und ab und wippen unter dem Schreibtisch mit den Füßen. So bewegen sie sich – wenn auch »nur« im Kleinen – den ganzen Tag. Dieses Hibbeln können Sie sich auch angewöhnen, es kurbelt zweifellos Ihren Stoffwechsel an. Ich selbst müsste mir diese Technik auch aneignen, denn ich habe von Natur aus keine Probleme damit, zwei Spielfilmlängen wie festgenagelt auf der Couch zu liegen. Probieren Sie es aus. Jeder Gang hält schlank, heißt es zu Recht, auch wenn es nur das fünfmalige Aufstehen pro Tag vom Schreibtisch ist. Man muss eben nur immer wieder daran denken.

Was treibt Sie aus dem Haus?

Neben dem Stressabbau und dem Wohlfühlfaktor ist ein weiterer wirkungsvoller Motivationsgrund zum Sport die frische Luft. Draußen zu sein, frei durchzuatmen, sich den Wind um die Nase wehen zu lassen – wenn ich mir das alles vor Augen halte, fällt es mir leichter, in den Keller zu gehen und meine Turnschuhe aus dem Schrank zu holen. Wer einen Bürojob hat, weiß, warum das so ist. Den ganzen Tag lang sitzt man eingepfercht hinter dem Schreibtisch zwischen Topfpflanze und PC, die Klimaanlage läuft, bis auf einige Toilettengänge ist an Bewegung nicht wirklich zu denken. Die Aussicht, abends noch einmal an die frische Luft zu kommen und sich körperlich zu betätigen, macht Lust auf Bewegung. Allerdings muss man es dann auch wirklich tun. Oft ist es ja so: Wer erst einmal zu Hause angekommen ist, kann sich nur schwerlich noch einmal aufraffen. Da hilft nur, direkt von der Arbeit aus zu starten oder sich wirklich fest vorzunehmen, nur die Tasche abzustellen und sofort in die Sportklamotten zu schlüpfen.

Früher bin ich öfter gejoggt, inzwischen bin ich auf Nordic Walking umgestiegen. Aus einem einfachen Grund. Zum Walking kann ich mich selbst besser motivieren, weil es ehrlich gesagt weniger anstrengt als das Laufen. Eine halbe Stunde joggen zu gehen, kostet mich meist große Überwindung, weil ich weiß, wie kräftezehrend das Traben über Stock und Stein für mich und meine Lunge mit der Zeit wird. Mir ist schon klar, mit jedem Training wird das besser, doch ich bin einfach nicht die geborene Läuferin, das war ich schon im Schulsport nicht. Doch um eine Runde walken zu gehen braucht es gar nicht so viel an Willenskraft. Stöcke raus, Schuhe an und los. Zugegeben: Ein bisschen dämlich sieht es schon aus, wenn man mit den langen Carbonstäben über Feld, Wald und Wiesen hetzt. Aber von diesem Gedanken habe ich mich frei gemacht. Sollen die anderen doch gucken. Wichtiger ist mir, dass ich mich bewege. Und – es macht wirklich Spaß. Man kann ziemlich Tempo aufnehmen, und zum Stressabbau sind die Stöcke, die sich mit ausreichend Kraft auch mal gut in den Boden rammen lassen, ebenfalls optimal geeignet. Bei Frust einfach auf dynamischen Stockeinsatz achten, und schon wird die Laune besser.

Tageslicht macht glücklich

Sport an der frischen Luft hat noch einen weiteren Vorteil, denn die Versorgung mit Tageslicht wirkt sich positiv auf unser Wohlbefinden aus und lässt unseren Serotoninspiegel steigen. Professor Ingo Froböse hat bei seinem Anti-Diät-Club-Abend zum Thema »Versteckte Krankheiten« erklärt: »Durch zu wenig Tageslicht wird das Immunsystem geschwächt. Von daher bringt es auch bei bedecktem Wetter mehr, wenn Sie ein paar Minuten draußen an der Bushaltestelle stehen, anstatt sich in der Wohnung unter eine Neonröhre zu stellen.« Bewegung außer Haus ist natürlich noch effektiver. Gut zu wissen, dass man auch bei wolkigem Himmel eine gute Dosis Tageslicht abbekommt.

Und im Winter?

Sobald die Blätter fallen und die Tage kürzer werden, wird es allerdings schwieriger mit dem Sport an der frischen Luft. Meistens ist es ja dann schon ab nachmittags dämmerig, und wer spaziert schon gerne und völlig angstfrei in der Dunkelheit durch den Park? Dann muss vielleicht doch die Fitnessstudio-Mitgliedschaft her, wenigstens für die Monate Oktober bis März. Oder die Schwimmbad-Zehnerkarte. Oder die Notlösung: Man verlegt sein Freiluft-Sportprogramm aufs Wochenende.

Und wie bereits erwähnt, auch Sport im Wohnzimmer ist möglich. Mindestens jeder zweite Haushalt beherbergt irgendeine Art von Heimtrainer. Zuerst stehen die Geräte in der Wohnung und meist ein paar Wochen später dann im Keller, wo sie kläglich unbenutzt einstauben. Dabei wäre gerade im Winter der optimale Zeitpunkt, um den teuren Laufbändern, Ergometern und Steppern wieder Leben einzuhauchen. Alter Trick: einfach vor den Fernseher ins Wohnzimmer verfrachten. Dort wirken die Geräte wie ein Bewegungsmahnmal. Manchmal hilft das schon. Wenn Besuch kommt, wandern die Raum einnehmenden klobigen Teile dann eben wieder kurzfristig in die Abstellkammer.

So motivieren Sie sich zum Sport

Überlisten Sie Ihren persönlichen inneren Schweinehund, und suchen Sie sich aus den folgenden zehn Motivationstipps, die aus, die am besten zu Ihnen und zu Ihrem Leben passen.

1. Feste Termine mit sich selbst vereinbaren
Ihre regelmäßige Dosis Bewegung sollten Sie selbst so wichtig nehmen wie einen Arzttermin. Kontinuität hilft: Wer jeden Dienstagabend zum Fußball geht, gewöhnt sich diesen Rhythmus schnell an. Am besten ist es, gar nicht mehr darüber nachzudenken, ob man jetzt joggen gehen soll oder nicht, sondern einfach die Schuhe aus dem Schrank holen und loslaufen.

Sport sollte für Sie ab sofort zum Wochenprogramm dazugehören.

2. Pläne aufschreiben und anderen mitteilen
»Montags und mittwochs gehe ich walken.« Wer diesen Satz auf einen Zettel schreibt und an die Wand hängt, erhöht die Chancen, ihn auch in die Realität umzusetzen. Die Visualisierung hilft. Je konkreter der Plan, desto eher werden Sie sich daran halten. Gut ist auch, seine Sportpläne anderen mitzuteilen. Wer vollmundig verspricht, von nun an zweimal pro Woche durch den Wald zu radeln, drückt sich schwerer davor.

3. Alternativpläne erstellen
Der Regen peitscht gegen die Fenster, und der Herbstwind pfeift durch die Tür? Eine fest eingeplante Sportalternative löst das Dilemma. »Erstellen Sie schon im Vorhinein konsequente Wenn-dann-Pläne«, rät Cloé Kleinknecht, Psychologin an der Sporthochschule Köln. Beispiel: Wenn das Wetter zu schlecht zum Joggen ist, machen Sie 20 Minuten lang Gymnastik zu Hause. Und jedes Mal, wenn im Fitnessstudio der Bauch-Beine-Po-Kurs ausfällt, geht es eine halbe Stunde auf das Laufband. Mit einer vorher eingeplanten »Ersatzlösung« verlieren Ausreden ihre Wirkung.

4. Mit der richtigen Kleidung der Kälte trotzen
Wer schnell fröstelt, kann sich im Herbst und Winter mit der passenden Ausrüstung motivieren. Funktionskleidung macht Sinn, weil sie die Nässe von der Haut nach außen leitet. Logisch, dass wir uns in schicker Sportkleidung wohler fühlen als in der alten ausgebeulten Jogginghose. Wenn Sie selbst das Geld dafür nicht ausgeben wollen, lassen Sie sich die teuren Sportklamotten doch zum Geburtstag oder zu Weihnachten

schenken. Auf jeden Fall empfehlenswert beim winterlichen Sport im Freien ist eine Mütze, weil wir stark über den Kopf schwitzen.

5. Auf Indoor-Sport umsteigen

Wer sich trotz optimaler Kleidung nicht für Bewegung an der frischen Luft erwärmen kann, sollte sein Training nach drinnen verlegen. Viele Sportarten eignen sich – nicht nur im Herbst – perfekt für die Halle: Schwimmen, Aquagymnastik, Squash, Badminton oder sogar Kegeln.

6. Neue Perspektiven suchen

Abwechslung motiviert: Wer seine altbekannte Jogging-Strecke einfach einmal in die andere Richtung läuft, bricht aus der eingefahrenen Sportroutine aus. Draußen zu sein bringt Abwechslung von der stickigen Wohnungsluft. »Um mich im Herbst zum Joggen zu motivieren, muss ich nur an die bunten Blätter und die frische klare Luft denken«, sagt die Kölner Sportpsychologin Grit Moschke.

7. Sportpartner finden

Sport in der Gruppe macht nicht nur mehr Spaß, er steigert auch die Motivation. Denn: Der soziale Druck ist größer. Schließen Sie sich dem Sportverein Ihres Vertrauens oder einer Sportgruppe in Ihrer Nähe an. Auch vierbeinige Trainingspartner können effektiv sein. Wer einen Dackel oder Labrador besitzt, hält sich vier- bis fünfmal häufiger draußen auf als andere Menschen. Motivieren müssen sich Hundebesitzer zur Bewegung nicht mehr, ihr Haustier fordert den Spaziergang kompromisslos ein. Ebenfalls ein guter Trainingspartner: der Partner. Wenn einer von beiden mal keine Lust hat, reißt ihn der andere im Idealfall einfach mit.

8. Lieber mal im Park treffen statt im Café
Gut reden lässt sich nicht nur beim Cappuccino im Café. Warum sich mit der Freundin nicht mal zum Walking im Park verabreden? Sich bei einem Spaziergang zu unterhalten, kann viel angenehmer sein, als sich starr auf der Couch gegenüberzusitzen. Gemeinsame sportliche Unternehmungen stärken nicht nur die Abwehrkräfte, sondern auch die Beziehung untereinander. Geteilte Erlebnisse verbinden.

9. Wohlgefühl speichern und immer wieder abrufen
»Um sich dauerhaft zu motivieren, muss man sich an das gute Gefühl erinnern, das nach dem Sport eintritt«, sagt Sportexpertin Cloé Kleinknecht. Na gut, mit der Chipstüte auf dem Sofa zu sitzen, das kann einem auch ein gutes Gefühl geben. Aber das hält meist nur kurzfristig an. Spätestens wenn die Tüte leer ist, meldet sich das schlechte Gewissen. Nach dem Wassergymnastikkurs oder dem Bowlingabend kann man die Entspannung viel mehr genießen, weil man sie sich erarbeitet und verdient hat. Die schönste Belohnung nach dem Sport ist das Gefühl, den eigenen Plan in die Tat umgesetzt zu haben. Denn für unser Selbstbewusstsein gibt es kaum etwas Schädlicheres als Pläne, die nie realisiert werden.

10. Wettkampfsituationen schaffen und den Spaßfaktor erhöhen
Vor allem die Herren der Schöpfung lieben es, wenn sie sich spielerisch untereinander messen können. Auch Events, auf die man hintrainieren kann, wie etwa ein Fünf-Kilometer-Lauf, können stark motivieren. Wichtig trotz allem Ehrgeiz: »Sich selbst unter starken Druck zu setzen, wirkt meist nur kontraproduktiv«, weiß Sportpsychologin Grit Moschke. Sport soll Spaß machen, sonst hält man langfristig nicht durch. Wer sich wirklich überhaupt nicht vom Sofa losreißen kann, hat

vielleicht einfach noch nicht die richtige Sportart für sich gefunden. Auch hier hilft wieder das Zauberwort: ausprobieren, und bei der Sache bleiben, die einem persönlich am besten gefällt. Auch wenn der Partner über die Qigong-Stunden lacht oder die Freundin dem Pilates-Kurs nichts abgewinnen kann.

Adipöses Anekdötchen: Erfolglos im Fitnessstudio
Schon seit Langem war mir bewusst: Ich muss etwas an meinem Leben ändern. Mein großes neues Projekt: Sport!
1. Problem: Was ziehe ich an?
2. Problem: Wer geht mit?
3. Problem: Welchen Sport soll ich machen?
4. Problem: Ich trau mich nicht!

Ich besaß nur eine schwarze Hose, in der ich mich sportiv bewegen konnte und die einigermaßen saß. Ich hatte auch noch ein langes großes T-Shirt, was meine Hüften, den Bauch und den Hintern bedeckte. Problem Nummer 1 war also gelöst. Auch Problem Nummer 2 erledigte sich wie von selbst. Eine Leidensgenossin war bereit mitzumachen – meine beste Freundin Vreni. Komisch, dass man sich immer Leute aussucht, die einem ähneln. Mit einer dicken Freundin ist man nicht alleine dick! Und wenn man großes Glück hat, ist man selbst nicht die Dickere. Wir beschlossen, in ein kleines Fitnessstudio in der Nähe zu gehen, das verschiedene Kurse anbot. Als wir zum ersten Mal dort aufliefen, fragte uns die nette sportliche Empfangsdame im knappen rosa Spinning-Outfit doch allen Ernstes: »Welchen Sport wollt ihr beide machen und warum?« Also, jetzt mal ganz ehrlich, ist doch klar, dass zwei Moppel, die sich ins Fitnessstudio wagen, kein Muskelprotz-Bodybuilding machen wollen, oder? Wir wollten sicherlich auch nicht nur Eiweißshakes an der Bar schlabbern (ob-

wohl: Pistaziengeschmack ist der Hammer!). Da wir keine Ahnung hatten, welcher angebotene Kurs gut war, beschlossen wir, eine Woche lang jeden Kurs einmal auszuprobieren. Wir absolvierten also jeden Tag nach der Arbeit zwei Kurse: Bauch Beine Po, Aerobic, Tae Bo, Rückenfitness und Spinning – Radfahren auf festmontierten Rädern. Doch nun hatte ich noch Problem 4. Ich traute mich nicht. Ich fand es fürchterlich, beim Sport in eine riesige Spiegelwand zu blicken, denn so konnte ich alle meine Bewegungen live und in Farbe mitansehen. Und ehrlich gesagt fand ich es grausam, bei jeder noch so kleinen Übung mein Fett mitschwingen zu sehen. Außerdem hatte ich das Gefühl, alle starrten mich an. Jedes Gekicher galt mir – das bildete ich mir zumindest ein. Also beschloss ich, mich klammheimlich in die hinterste Ecke der Halle zu verziehen, wo mich der Spiegel nicht mehr zeigte. Um ehrlich zu sein, wir hielten es nicht lange aus. Beim Spinning bekam ich Krämpfe, und mein Hintern tat unsagbar weh. Während der Stepp-Aerobic-Stunde fiel ich vom Stepper. Beim Tae Bo rügte mich die Trainerin, dass ihr Kurs keine Ballettstunde sei. Im Rückenkurs traf sich der Oma-Socken-Club. Und der Bauch-Beine-Po-Kurs war für freitags 19 Uhr angesetzt – das ging ja gar nicht! Ich habe gelernt: Sport darf kein Stress sein. Wenn man sich dabei nicht wohlfühlt, geht man nicht gerne hin und gibt schnell wieder auf.

Von Stefani Müller, Anti-Diät-Club-Mitglied. Sie überlegt noch immer, ob sie ihr sportliches Glück vielleicht doch eher in einer Ballettschule suchen sollte.

Fernsehkrimis machen dick

Et bliev nix, wie et wor. Dieser Artikel des »Kölschen Grundgesetzes sollte nicht nur auf Ihre Bewegungsbilanz zutreffen. Offen sein für Neues, alte Gewohnheiten hinterfragen, das gilt vor allem auch für den Alltag, für unsere lieb gewonnenen Rituale. Eine Gewohnheit, in der die meisten von uns feststecken, ist das tägliche Fernsehen. Wir alle jammern über das miese Programm und können uns doch nicht von der Flimmerkiste losreißen. Nach einem harten Arbeitstag erscheint der Abend vor dem Fernseher besonders verlockend. Doch Vorsicht: Fernsehen macht dick. Nicht nur, weil man völlig passiv und unbewegt vor der Flimmerkiste abhängt und oft dabei auch noch Schokokekse in sich hineinstopft. Sie merken schon, ich spreche aus Erfahrung …

In die Röhre zu starren macht dick, weil der Körper beim Fernsehen das Stress- und Dickmacherhormon Cortisol ausschüttet. Die Programmmacher legen ihre Filme, Shows und Serien so an, dass sie den Zuschauer möglichst lange gebannt fesseln. Die Sendungen werden immer actionreicher, Schnitte und Bildwechsel immer schneller. Wie unnatürlich die Glotzerei eigentlich ist, merkt man erst, wenn man abends mal an einer Wohnsiedlung vorbeispaziert und durch die Fenster und Gardinen die schnell wechselnden blauen Flimmerbilder sieht. Das alles peitscht den Stresspegel des Fernsehzuschauers nach oben und verhindert den Fettabbau. Auch der bekannte Ernährungsexperte Udo Pollmer weiß um dieses Problem und rät in seinem Buch »Esst endlich normal!«, den Fernsehkonsum der Figur zuliebe auf eine Stunde pro Tag zu beschränken.

Alternativen zur Glotze gibt es viele: ein Spaziergang rund um den Block, eine Trainingseinheit im Sportverein, ein gutes Buch lesen, endlich mal wieder malen, Memory oder Mensch ärgere dich nicht spielen, basteln oder – ganz altertümlich – einen Brief schreiben. Denken Sie sich etwas aus.

Aber manchmal, da muss es eben doch der Fernseher sein. Schon klar. Das geht jedem von uns so. Doch wenn Sie sich beim Ins-Bett-Gehen darüber ärgern, schon wieder das Eisfach mit den Cornettos für den TV-Abend geplündert zu haben, machen Sie es beim nächsten Mal anders. Greifen Sie zu kalorienarmen Fernsehsnacks wie zum Beispiel zu Salzstangen, frischen Gemüsesticks mit Kräuterquark oder zu selbst gemachtem Popcorn mit nur wenig Zucker oder Salz. Zur Erinnerung: Mandeln und Nüsse sind ebenfalls tolle Knabbersnacks mit vielen gesunden ungesättigten Fettsäuren. Walnusskerne und Mandeln sind Naturprodukte, sie enthalten keine Zusatzstoffe, und daher können Sie hier ruhig jeden Tag zugreifen. Auch Ernährungscoach Patric Heizmann ist überzeugt: »Nüsse machen nur dick, wenn sie sich in Toffifees verstecken.«

Ablenkung statt Fressattacke

Nichts bleibt, wie es ist, Leben bedeutet nun einmal ständige Veränderung. Doch was tun Sie, wenn nachmittags der kleine Hunger hartnäckig an Ihnen nagt, obwohl Sie eigentlich nichts essen wollen? Da hilft vor allem eines: Ablenkung. Gehen Sie raus, treiben Sie Sport, lösen Sie Sudokus, streichen Sie Ihre Kellerwand – ganz egal was, aber werden Sie aktiv. Sobald Sie sich auf eine neue Sache einlassen, rückt das Heißhungergefühl in den Hintergrund. Ihr Geist ist mit anderen Dingen beschäftigt, Ihre Aufmerksamkeit ist gefesselt, wetten, dass Sie schon innerhalb 15 Minuten nicht mehr ans Essen denken? Machen Sie sich einen Plan für Ihr persönliches Anti-Snack-Programm. Natürlich sollte man sich nicht immer alles verkneifen, das ist klar, und echter Hunger sollte auch befriedigt werden. Gemeint sind hier aber diese kleinen Momente, in denen wir aus purer Langeweile Lakritz, Schokobons oder Abendessensreste in uns hineinstopfen. Wer abgelenkt ist, denkt nicht mehr ans Essen. Meistens jedenfalls.

Angewohnheiten ändern – am besten schon beim Einkaufen

Das Abnehmen beginnt schon im Supermarkt. Was wir an Lebensmitteln kaufen, das essen wir in den allermeisten Fällen auch auf, logisch. Von daher fragen Sie sich vor jedem Griff ins Regal: »Brauche ich das wirklich?« Im Zweifel lassen Sie die Packung im Laden stehen. Und hüten Sie sich bloß davor, immer die größte Packungsgröße zu kaufen. Gut, vorausgesetzt Sie leben nicht in einem Sechs-Personen-Haushalt. Familienpackungen erscheinen zwar auf den ersten Blick verlockend billig, oft lohnen sie sich aber dennoch nicht. Weil man meistens gar nicht schafft, den ganzen riesigen Packungsinhalt restlos aufzuessen. Ein Drittel des Mega-Gurkenglases oder der Cornflakes-Packung wandert schließlich in den Müll. Manche von Ihnen denken sich jetzt vielleicht: Och, ich schaff den Inhalt der großen Packungen eigentlich immer ganz gut. Achtung, gerade dann sollten Sie sich die Mega-Tüten und Schachteln verkneifen. Wer weniger hat, genießt mehr. Greifen Sie nur zu der kleinen Packung Toblerone. So sparen Sie Geld, Kalorien, kommen trotzdem an das Geschmackserlebnis und dafür aber nicht übermäßig in Versuchung.

Wo Sie dagegen verschwenderisch und großzügig sein können, ist beim Thema Tischdekoration. Machen Sie es sich schön zum Essen. Decken Sie liebevoll den Tisch, zünden Sie Kerzen an, drapieren Sie Ihre Mahlzeiten auf schönes Geschirr – am besten auf kleine Teller, so wirkt das Essen üppiger. Essen im Stehen und im Auto dagegen sollte ab sofort tabu für Sie sein. Gegessen wird am Tisch, auch wenn es sich nur um ein Stück Obst handelt. So essen Sie automatisch viel bewusster und registrieren, was Sie sich in den Mund stecken – und schützen sich gleichzeitig vor dem Gefühl: »Ich habe doch den ganzen Tag noch fast gar nichts gegessen.« Das Naschen am Kochtopf eine Stunde nach dem Mittagessen zum Beispiel wird von unserer Bewusstseinszentrale gar nicht registriert. Die paar Bissen – stehend verdrückt am Herd – sieht doch keiner und fallen deshalb auch nicht ins Gewicht? Von wegen! Wer sich für seinen kleinen Snack erst einen Teller aus dem Schrank holen und sich umständlich hinsetzen muss, überlegt es sich meist doch noch mal.

Die Waage muss weg!

Abnehmen mal anders: Werfen Sie Ihre Waage auf den Müll. Wenn Sie ehrlich zu sich sind, merken Sie sowieso am Hosenbund, wann und wie viel in etwa Sie zugenommen haben. Warum das also bis auf das kleinste Gramm bestimmen? Tägliches Wiegen stresst Sie mehr, als dass es Ihnen hilft. Gewichtsschwankungen von bis zu drei Kilo sind ganz normal und abhängig von Tageszeit, erfolgtem Stuhlgang oder Ihrer aktuellen Zyklusphase. Lassen Sie sich also nicht verrückt machen und von der Digitalanzeige auf der Waage die Laune für den ganzen Tag verderben. Wiegen Sie sich höchstens einmal pro Woche oder besser nur dann, um Ihren Zunahmeverdacht bestätigt zu sehen. Die Zahl auf Ihrer Waage hat nichts mit

Ihrem persönlichen Wohlbefinden zu tun. Ich selbst besitze gar keine Waage und vermisse sie auch nicht. Ab und zu, wenn ich in der Sauna oder im Fitnessstudio bin, stelle ich mich drauf aus reiner Neugier. Aber stressen lasse ich mich von dem Gerät nicht mehr. Ihr Gewicht ist nichts anderes als eine Zahl. Sie geht außer Sie selbst keinen etwas an, und von dieser Zahl sollten Sie sich auch nicht terrorisieren lassen. Lassen Sie Ihre Waage verstauben.

Manche Anti-Diät-Club-Mitglieder sagen mir aber regelmäßig: »Ich brauche das tägliche Wiegen für meine eigene Kontrolle. Nur so fühle ich mich wohl und habe den Ansporn fürs weitere Abnehmen.« Na gut, wenn es wirklich so ist, dann wiegen Sie sich eben. Besser wäre aber, Sie machen sich bewusst frei von dem Gerät und beobachten statt der Ziffern lieber Ihr eigenes Körpergefühl.

Dicke Gedanken machen dick

Gedanken haben Macht. Mehr als wir manchmal glauben. Es ist ganz leicht, in eine negative Gedankenspirale zu rutschen und sich selbst so den Rests des Tages zu verderben. Lassen Sie Gedanken wie »Ich bin so dick, so unansehnlich, mein Po wird immer breiter« in Zukunft ganz locker an sich vorüberziehen. Denken Sie stattdessen lieber an Ihr Ziel, an den schlanken Körper, die gute Figur, die Sie bald besitzen werden. Visualisierungstechniken können sehr wirkungsvoll sein, sie werden beispielsweise auch von Profisportlern vor Wettkämpfen angewandt. Stellen Sie sich jeden Morgen, Mittag und Abend ganz genau und bildhaft vor, wie sie bald aussehen werden. Denken Sie an Ihre festen Arme, an Ihre schlanken Oberschenkel und an Ihren knackigen Hintern. Anfangs mag Ihnen diese Kopfübung albern vorkommen, aber je öfter Sie sie praktizieren, desto leichter wird sie Ihnen fallen. Mit jeder positiven Gedankenspielerei kommen Sie Ihrem Ziel einen Schritt näher. Wenn wir dagegen anfangen, negativ zu denken, können wir damit oft gar nicht mehr aufhören. In unserer Vorstellungskraft wird schnell alles immer schlimmer und schlimmer. »Wenn ich bis zur Geburtstagsfeier meines Mannes nicht fünf Kilo abgenommen habe, werden mich alle Partygäste für fett halten und mitleidig belächeln. Mit dem Abnehmen klappt es nie, wahrscheinlich werde ich auch noch in fünf Jahren dick sein.« Nein! Halten Sie spätestens jetzt ein gedankliches Stoppschild hoch, und unterbrechen Sie die Negativspirale. Sie bringt Ihnen nichts – außer großem Frust. Aktivieren Sie positive Gedanken, und stellen Sie sich vor, wie schön und attraktiv Sie auf der Geburtstagsparty aussehen werden. Ob mit fünf Kilo weniger oder nicht – Ihre Ausstrahlung macht es aus. Zugegeben – positives Denken fällt nicht immer leicht, vor allem dann nicht, wenn man gerade frustriert oder genervt ist. Aber man kann es sich mit der Zeit tatsächlich angewöhnen und sich selbst zunutze machen. Wer sich eingehender mit der Thematik beschäftigen will, findet umfassende Literatur dazu.

Wie wichtig ist Ihnen Ihr Ziel?

Viele behaupten ja sowieso, dass Abnehmen vor allem Kopfsache ist. Wenn es bei Ihnen im Oberstübchen klick gemacht hat, dann lassen Sie sich auch durch nichts und niemanden so schnell von Ihrer Lebensumstellung abbringen. Deswegen ist es wichtig, sich immer wieder zu fragen: Was ist mir das Abnehmen wert? Was sind Sie wirklich bereit, für Ihr neues Lebensgefühl zu tun? Sind Sie bereit, mehr Zeit in Bewegung zu investieren? Alte Gewohnheiten über Bord zu werfen? Öfter frisch und selbst zu kochen? Nervige Fragen aus Ihrem Umfeld, Ihrem Alltags- und Kollegenkreis locker und gelassen zu beantworten? Sich für die neue Lebensweise gegebenenfalls vor Ihrer Familie und Ihren Bekannten rechtfertigen zu müssen?

Alles im Leben hat seinen Preis, auch Ihre Ernährungs- und Bewegungsumstellung. Aber diesen Preis ist es wert. Sie werden sich wohler fühlen in Ihrem Körper und mehr Genuss und Lebensqualität in Ihr Leben bringen.

- Treppen steigen, statt die Rolltreppe oder den Aufzug zu benutzen
- Aus Straßenbahn oder Bus eine Station früher aussteigen und so den Fußweg verlängern
- Abends nicht direkt vor der Haustür parken, sondern weiter weg. So kommen Sie automatisch zu Ihrem Feierabendspaziergang
- Das Auto für kurze Wege stehen lassen
- Erhöhen Sie Ihr Spaziertempo von langsam auf zügig
- Einen Schrittzähler verwenden, am besten jeden Tag

Den Jo-Jo-Effekt ausbremsen
Interview mit Professor Dr. Ingo Froböse

Der Leiter des Zentrums für Gesundheit an der Sporthochschule Köln hat bereits mehrere Vorträge bei Anti-Diät-Club-Abenden gehalten, unter anderem zu den Themen »Ende der Schonzeit für den Rücken« und »Versteckte Krankheiten«. www.ingo-froboese.de

Herr Professor, wie schafft man es, dauerhaft schlank zu werden und zu bleiben? Das ist nur möglich, wenn eine negative Energiebilanz gegeben ist – wenn man mehr Energie verbraucht, als man zu sich nimmt. Das klappt auf Dauer, wenn man seinen Grundumsatz und damit die Stoffwechselrate, die Energie, die im Ruhezustand verbraucht wird, so hoch wie möglich hält. Dann hat auch der Jo-Jo-Effekt keine Chance. Diäten dagegen lassen den Grundumsatz in den Keller rauschen.

Und ohne Sport geht das nicht? Bewegung und Sport sind die einzigen Möglichkeiten, den Turbo des Stoffwechsels anzukurbeln und stabil zu halten. Die Muskeln leben von Bewegung, denn nur was genutzt wird, entwickelt sich. Sport bewirkt, dass auch in Ruhephasen mehr Energie verbrannt und somit eine negative Energiebilanz unterstützt wird. Der größere Kalorienverbrauch beim Sport unterstützt diesen Prozess natürlich. Und gegen den Jo-Jo-Effekt kommt man nur mit Sport und Bewegung an.

Die Theorie ist klar, nur mit der Umsetzung hapert es bei vielen. Suchen Sie im Alltag nach Bewegungsmöglichkeiten! Lassen Sie den Aufzug stehen, und benutzen Sie die Treppe, fahren Sie Fahrrad, oder gehen Sie zu Fuß einkaufen, statt mit dem Auto zu fahren. Schreiben Sie keine E-Mails ins Nachbarbüro, suchen Sie Ihre Kollegen persönlich auf, und planen Sie Bewegungszeiten fest in Ihren Kalender ein. Dressieren Sie Ihren »Schweinehund« so, dass er bei den geplanten Bewegungszeiten »Platz« macht. Verabreden Sie sich mit Freunden zum Sport, das hilft und motiviert.

Und wenn ich den ganzen Tag arbeiten oder mich um meine Familie kümmern muss? Nutzen Sie doch die Mittagspause, und gehen Sie 30 Minuten stramm um den Block. Integrieren Sie Bewegungsübungen in Ihren Alltag. Verinnerlichen Sie das so, dass Sie sich morgens einfach zehn Minuten mehr Zeit nehmen und Gymnastik machen. Wo ein Wille ist, ist auch ein Weg.

Wenn ich aber absolut unsportlich bin? Es muss nicht immer Sport sein, Bewegung ist wichtig. Gerade die einfachen und unaufwendigen Bewegungsformen wie Spazierengehen oder Treppensteigen reichen oft aus, um speziell bei Anfängern und Sportmuffeln gesundheitliche Effekte zu erzielen und den Stoffwechsel zu fördern.

Was sind drei einfach Dinge, die jeder täglich für seine Fitness tun kann? Fünf Etagen Treppen steigen, 3000 zusätzliche Schritte zurücklegen und 10 bis 15 Kniebeugen am Tag machen.

6: KENNE MER NIT, BRUCHE MER NIT, FOTT DOMET

Kennen wir nicht, brauchen wir nicht, weg damit.
Elf Irrtümer rund ums Abnehmen.

Irrtum 1: Süßstoff ist besser als Zucker

Nein, denn der künstlich hergestellte Ersatzstoff steht im Verdacht, Heißhungerattacken auszulösen. Manche Experten vertreten die Meinung, dass sich der Körper durch den süßen Geschmack auf Zuckeraufnahme einstellt und Insulin produziert. Wenn dann nur der Ersatzstoff kommt, wird der Organismus nicht befriedigt, und die Lust auf »richtigen« Zucker und auf zusätzliche Kalorien bei der nächsten Nahrungsaufnahme wird entfacht. Besser: generell Zucker einsparen. Statt drei Süßstofftabletten lieber nur wenig oder am besten gar keinen Zucker in den Kaffee geben. Wer wenig Süßes ist, empfindet gezuckerte Kalorienbomben nach einiger Zeit als viel zu süß.

Irrtum 2: »FdH« bringt am meisten

»Friss die Hälfte« klingt so schön einfach, funktioniert aber meistens nicht. Weil sich mit der Hälfte der Portionen nicht gleichzeitig der Appetit halbiert, macht »FdH« in der Regel nicht satt. Und von allem immer nur die Hälfte zu essen, das bedeutet auch, nur die Hälfte der Vitamine und Mineralstoffe zu sich zu nehmen. »FdH« drückt stark auf die Stimmung, weil der ständige Appetit nicht gestillt wird – so lässt der Heißhunger nicht lange auf sich warten. Die bessere Strategie: nicht die Hälfte von allem, sondern das Richtige essen. Viel Obst und Gemüse sowie Milch- und Getreideprodukte, die Ihnen schmecken und guttun. Ein bisschen was dran ist an diesem Prinzip allerdings schon, denn es kann lohnenswert sein, die eigenen Portionsgrößen nach unten hin zu korrigieren – falls sie tatsächlich zu groß sind. Doch immer nur die Hälfte zu essen, frustriert auf Dauer nur.

Irrtum 3: Warmes Essen macht dick
Ob Ihre Nahrung warm oder kalt ist, ist Ihren Hüften egal. Ausschlaggebend ist die Kalorienbilanz. Eine warme frische Gemüsesuppe ist definitiv kalorienärmer als ein kaltes Leberwurstbrot. Also: Essen Sie warm, wenn Ihnen danach ist. Es muss ja nicht immer Penne mit Gorgonzolasauce sein.

Irrtum 4: Täglich nur 1000 Kalorien ist ein sicheres Rezept
1000 Kilokalorien am Tag sind schlichtweg zu wenig, davon wird niemand satt. Vernünftiger ist der Verzehr von 1500 bis 1800 Kalorien täglich. So viel Energie sollte es jeden Tag mindestens sein. Denn Crash-Diäten mit sehr wenigen Kalorien führen bekanntermaßen nur zum gefürchteten Jo-Jo-Effekt. Besser als Kalorientabellen zu wälzen und Wurstscheiben auf der Küchenwaage abzuwiegen: Achten Sie auf eine frische, abwechslungsreiche Ernährung und ausreichend Bewegung.

Irrtum 5: Abführtees machen schlank
Hände weg von allen vermeintlichen Wunderpräparaten. Abführmittel und -tees können abhängig machen und dem Stoffwechsel nachhaltig schaden. Setzen Sie stattdessen auf grünen Tee oder auf Kräuter- oder Früchtesorten und auf viel Bewegung. Die kurbeln nämlich auch die Verdauung an.

Irrtum 6: Beim Abnehmen verliert man als Erstes die gute Laune
Nicht, wenn man es richtig macht. Logisch, dass die Stimmung in den Keller rutscht, wenn man nur sehr wenig isst

und diese Lebensmittel dann auch noch extrem fettarm sind. Die bessere Strategie ist, viele gesunde, naturbelassene, leckere Lebensmittel zu verzehren, die satt, aber nicht dick machen, wie etwa Hülsenfrüchte, Gemüse und Eiweißgerichte. Gegen ein Steak mit frischem Salat oder ein Lachsfilet mit Blumenkohlgemüse ist überhaupt nichts einzuwenden. Auch Pasta mit Tomatensoße ist erlaubt. Fest steht: Wer beim Abnehmen schlechte Laune hat, ernährt sich garantiert nicht ausgewogen genug und isst schlichtweg zu wenig.

Irrtum 7: Dunkle Schokolade hat weniger Kalorien als helle
Falsch. »Dunkle und Vollmilchschokolade tun sich in Bezug auf ihren Kaloriengehalt nicht viel«, sagt Ernährungsberaterin Jutta Knötgen. Der Unterschied: Dunkle Schokolade enthält weniger Zucker, dafür aber mehr Fett als helle. Und ihr wird nachgesagt, mit ihren Polyphenolen präventiv gegen Krebs und Herzleiden zu wirken. Ein weiterer Vorteil: Dunkle Schokolade enthält viele Bitterstoffe. Von daher fällt es leichter, nicht direkt die ganze Tafel zu verputzen. Kalorien sparen kann demnach nur, wer seine fünf Riegel Vollmilchschokolade dauerhaft durch zwei Stücke Bitterschokolade ersetzt. Tipp: Jedes Stück langsam auf der Zunge zergehen lassen.

Irrtum 8: Fett macht fett
Nicht unbedingt. Fett ist lebensnotwendig für den menschlichen Organismus. Besonders die ungesättigten Fettsäuren sind wichtig, denn diese kann der Körper nicht selbst herstellen. Aber: Auf die Menge kommt es an. 70 Gramm Fett pro Tag sind ausreichend, der Durchschnittsdeutsche isst jedoch rund 170 Gramm täglich. Zu viel verzehrtes ungesundes Fett kann auf Dauer dick machen. Versuchen Sie gehärtete Fette, wie etwa in Fast Food, Keksen und Chips, durch ungesättigte

Fettsäuren zu ersetzen – diese sind zum Beispiel enthalten in Lachs, Nüssen und in kalt gepresstem Öl.

Irrtum 9: Fettreduzierte Produkte machen schlank

Produkte mit wenig Fett haben nicht zwangsläufig auch wenige Kalorien. »Deutlich wird das unter anderem beim Joghurt«, sagt Expertin Jutta Knötgen. Die fettarmen Varianten enthalten oft sehr viel Zucker und künstliche Geschmacksverstärker, damit diese Milchprodukte überhaupt nach etwas schmecken. Light-Produkten wird außerdem nachgesagt, Heißhungerattacken auszulösen. Das Problem ist der Süßstoff, siehe Irrtum 1. Er wirkt appetitanregend und kann Magenkrämpfe, Durchfall und Blähungen auslösen. Greifen Sie anstatt zu künstlich reduzierten lieber zu natur-mageren Produkten wie Putenaufschnitt, Koch- oder Lachsschinken.

Irrtum 10: Spätes Essen setzt an

Auch hier kommt es wieder auf die Gesamtkalorienbilanz an. Wenn Sie tagsüber nur mäßig essen und Ihre Hauptmahlzeit abends einnehmen, ist dagegen nichts einzuwenden. Trotzdem sollten zwischen der letzten Mahlzeit und dem Gang ins Bett im Optimalfall zwei bis drei Stunden liegen – der Nachtruhe zuliebe. Beim Essen kommt es weniger auf die Uhrzeit an, dafür mehr auf die Menge und den Kaloriengehalt der Speisen. Leichte Eiweißmahlzeiten wie Geflügel oder Fisch eignen sich abends besser als Kohlenhydrate, da sie den Fettstoffwechsel ankurbeln.

Irrtum 11: Margarine ist besser als Butter

Vom Kaloriengehalt her sind beide identisch, Butter und Margarine bestehen zu jeweils 80 Prozent aus Fett. Die Argumente für die Butter: Sie ist ein Naturprodukt, Margarine wird künstlich hergestellt. Und Butter schmeckt besser. Wer Kalorien sparen möchte, streicht das Fett eben nur hauchdünn aufs Brot. Alternativen sind leichte Salatcremes, Tomatenmark, Frischkäse oder Senf.

Adipöses Anekdötchen: Nicht nur auf Abnehmirrtümer kann man hereinfallen
In unserer früheren Wohnung hatten wir ein klassisches sehr kleines Kölner Bad ohne Fenster, dafür aber mit furchtbaren gelben Fliesen aus den Sechzigerjahren. Wenn ich in der Wanne lag, befand sich direkt neben meinem Kopf die Tür und dahinter der Flur. Um nicht an einem Kreislaufkollaps zu sterben, ließ ich die Tür immer offen, wenn ich badete. Es geschah an einem Sonntagabend. Ich wollte das Wochenende mit einem entspannten Schaumbad und einem guten Buch beenden, bevor der große Blockbuster im Fernsehen startete. Ich ließ Wasser in die Wanne laufen, und als sie voll war, stieg ich hinein. Ich stützte mich mit beiden Händen links und rechts auf den Badewannenrand und wollte mich geschmeidig ins Wasser gleiten lassen, und dann geschah es: Ich konnte mein Gewicht mit meinen Armen nicht mehr halten und platschte mit voller Wucht ins Wasser. Mein Hintern besaß offenbar eine dermaßen enorme Verdrängungskraft, dass eine riesige Menge Wasser aus der Wanne platschte und durch die offene Badezimmertür hinaus in den Flur lief. Ungelogen hatte durch meinen Badewannen-Tsunami ein Viertel der Wassermenge den Weg in den Flur gefunden und floss dort unaufhörlich dem tiefsten Punkt der Wohnung entgegen: dem Bereich unter dem Dielenschrank. Mein Fauxpas blieb nicht lange unbemerkt. Sekunden später stürmte mein Freund in den Flur und erschrak! Literweise verteilte sich

das Wasser in der Ecke unter dem Schrank. Die Tatsache verdrängend, dass mein Sturz relativ schmerzvoll gewesen war, machten wir uns rasch daran, mit Aufnehmern das Chaos zu beseitigen. Ich schämte mich sehr, denn einer schlanken Frau wäre das in diesem Maße mit Sicherheit nicht passiert.

Von Stefani Müller, Anti-Diät-Club-Mitglied. Eigentlich hat sie noch nie verstanden, was viele Leute am Baden so toll finden. Sie geht inzwischen lieber duschen.

7: WAT WELLS DE MAACHE?

Was willst du machen? Lernen Sie, das an Ihrer Figur zu akzeptieren und zu lieben, was Sie nicht ändern können.

Es gibt Sachen im Leben, die lassen sich nicht ändern, auch wenn man sich noch so sehr anstrengt: das Wetter an einem regnerischen Sonntagnachmittag zum Beispiel oder das Freitagabend-Fernsehprogramm. Auch beim Thema Abnehmen gibt es Gegebenheiten, die man schlichtweg hinzunehmen hat. Bewegung muss sein. Maßhalten muss sein. Genuss sollte auf jeden Fall sein. Und eine gewisse Spur von Gelassenheit ist ebenfalls wichtig für den Abnehmerfolg.

Sind die Gene schuld am Speck?

»Ich bin eben so veranlagt, es sind die Gene, wat wells de maache?« Viele machen ihr Erbgut für das eigene Übergewicht verantwortlich. Zu Recht? Zu einem gewissen Teil: ja. Viele Wissenschaftler sind sich inzwischen einig, dass unser Gewicht und unser Körperbau zu einem hohen Prozentsatz abhängig sind von unseren Genen. Die Veranlagung zum Übergewicht wird sehr oft vererbt. Ein Freifahrtschein ist diese Erkenntnis jedoch nicht. Wer jetzt denkt, dass er oder sie den überflüssigen Pfunden hilflos ausgeliefert ist, der irrt. Denn nicht das Übergewicht selbst wird vererbt, sondern, wie gesagt, nur die Veranlagung dazu. Und ob diese zum Tragen kommt oder nicht, liegt in unserer Hand.

»Set-Point-Theorie« nennt sich das Ganze im Fachjargon. Der Set-Point ist das für den jeweiligen Organismus »optimale« Gewicht. Dieses ist nicht gleichzusetzen mit dem Idealgewicht, sondern es ist das Gewicht, auf das sich der Körper erfolgreich eingependelt hat, mit dem er sich relativ wohlfühlt und das er bestrebt ist zu halten. Schlanke Menschen haben generell einen niedrigen Set-Point, bei Übergewichtigen liegt der Set-Point deutlich höher. Die gute Nachricht ist: Jeder kann lernen, seinen eigenen Set-Point zu senken.

Allerdings klappt das nicht mit kurzfristigen Crash-Diäten, denn dann schaltet der Organismus auf »Hungerperiode«, reduziert den Energieverbrauch, drosselt den Grundumsatz und setzt alles daran, sein altes Gewicht wieder zu erreichen. Wer auf Dauer den eigenen Fettkonsum im Zaum hält, viel Obst und Gemüse verspeist und sich regelmäßig bewegt, nimmt langsam aber sicher ab und senkt so gleichzeitig den eigenen Set-Point. Nur weniger essen allein bringt es nicht, denn je weniger man zu sich nimmt, desto weniger Energie verbraucht der Körper. Fakt ist also, unser Erbgut ist nur für die Veranlagung zum Dicksein verantwortlich und nicht für die Ausprägung der überflüssigen Pfunde. Was allerdings sehr wohl »vererbt« und weitergegeben wird, sind Ernährungsmuster. Kinder von übergewichtigen Eltern sind oft auch deswegen dick, weil sie die Essgewohnheiten von Mama und Papa übernommen haben. Kinder lernen durch Nachahmung, und sie orientieren sich in ihrem Ernährungs- und Bewegungsverhalten an ihren Eltern. Aber vielleicht kennen Sie das ja auch von sich selbst. Wenn es bei Ihnen früher regelmäßig Wurst, Braten und Speck gab, essen Sie bestimmt auch heute noch gerne deftige Fleischgerichte. Unser Umfeld prägt uns und unsere Geschmacksentwicklung – und das von den frühsten Jahren unserer Kindheit an.

Lieben Sie Ihren Körper

Wat wells de maache? Wer seine figürlichen Stärken und Schwächen kennt und akzeptiert, kann entspannter mit dem eigenen Körper umgehen. Das hört sich so selbstverständlich an, ist im Alltag aber nicht immer leicht umzusetzen. Doch man kann es lernen, mit der Zeit. Je mehr Kerzen auf dem Geburtstagskuchen leuchten, desto besser klappt es mit der Nachsichtigkeit sich selbst gegenüber. In jungen Jahren, in der Pubertät, schafft man das meistens nicht, da bewertet man den eigenen Körper besonders kritisch. Ich kann mich noch gut erinnern: Mit 14 hat mich jede kleine unbedachte Äußerung von anderen über mein Aussehen in eine kleine Psychokrise gestürzt. Doch je älter wir werden, desto bewusster wird uns: Was man nicht beeinflussen kann im Leben, das muss man eben akzeptieren. Auch in Bezug auf die eigene Figur. Und das ist gut so.

So macht es auch der Rheinländer. Der Ausspruch »Wat wells de maache?« sagt doch eigentlich alles aus. Wenn man nichts machen kann, dann ist das eben so. Heitere Gelassenheit, das sind die beiden Zauberwörter für einen entspannten Umgang mit sich selbst.

Das Freimachen von vermeintlichen Erwartungen macht glücklich

Machen Sie sich bewusst: Eine fünfzigjährige Frau muss nicht mehr in Kleidergröße 38 passen. So einfach ist das. Frauen und Männer sollten sich generell nicht dazu verpflichtet fühlen, in eine bestimmte Konfektionsgröße passen zu müssen. Mit dem Alter sinkt nun einmal der Grundumsatz. Das ist – leider –

fast so etwas wie ein Naturgesetz. Der Muskelanteil im Körper verringert sich, die Fettpolster nehmen zu. Dagegen lässt sich natürlich etwas tun, eine Mischung aus Kraft- und Ausdauertraining ist nicht nur für alle, die bereits ihren 50. Geburtstag gefeiert haben, die beste Wahl. Zusätzlich zum Sportprogramm sollte auch noch die Ernährung angepasst werden, im Alter braucht man einfach nicht mehr so viele Kalorien, das ist leider so. Auch hier gilt wieder das Ihnen bereits gut bekannte Mantra von der abwechslungsreichen Ernährung mit viel Obst und Gemüse und angemessenen Portionen. Man muss im Rentenalter also nicht zwingend aussehen wie ein Fleischklops.

Und dennoch: Wer seinen Feierabend regelmäßig mit einem Glas Rotwein begießen möchte, sollte sich nicht von eigenen oder vermeintlich fremden Erwartungen und Vorschriften daran hindern lassen. Dann haben Sie der Welt eben ein paar Speckröllchen mehr zu bieten. Na und? Wenn kümmert es? In erster Linie doch nur Sie selbst. Wenn Sie etwas dagegen tun möchten, dann tun Sie es. Wenn nicht, dann lassen Sie es sein, und tragen Sie Ihre Pfunde mit Selbstbewusstsein und Stolz. Sie haben Ihr Leben selbst in der Hand. Genießen Sie Ihre Zeit auf Erden, und lassen Sie sich nicht von Magermodels aus den Zeitschriften oder von gut gemeinten Abnehmratschlägen anderer verunsichern. Akzeptieren Sie das, was Sie an Ihrem Körper nicht ändern können – oder wollen –, und freuen Sie sich des Lebens.

Adipöses Anekdötchen: Das Pralinengrab
Ich habe ein Geheimnis. Unter dem Sofa in unserem Wohnzimmer ist ein Friedhof. Dort werden meine gekillten Pralinenschachteln beerdigt. Denn wenn ich einmal anfange zu naschen, kann ich leider nicht mehr aufhören. Ich fut-

tere die Süßigkeiten heimlich alle auf einmal, manchmal bis mir schlecht wird. Wenn ich meinen Freund im Flur höre, pfeffere ich die Packung eilig unter die Couch. Dann schaue ich ahnungslos drein wie ein Lamm, und auf die Frage: »Wo sind denn die Toffifees?« antworte ich unschuldig: »Keine Ahnung, Schatz!« Nur leider kam mein Geheimnis vor Kurzem ans Tageslicht. Wir kamen auf die Idee, unser Wohnzimmer umzugestalten. Dazu mussten wir die Couch verrücken, und in diesem Moment hatte ich meine heimlichen Pralinen-Freudenfeste natürlich ganz vergessen. Als wir das Sofa zur Seite wuchteten, offenbarte sich das ganze schreckliche Massaker! Sämtliche verputzten süßen Beigeschenke zu Weihnachten, Ostern und zu meinem Geburtstag türmten sich zu einem kleinen Haufen. Bunte Schachteln aus Plastik und Hochglanzpappe, die ehemaligen Herbergen von Kalorien, Zucker und Fett, beigesetzt unter Kunstleder. Dass ich vor Scham fast im Hochflor-Wohnzimmerteppich versunken wäre, brauche ich wohl nicht mehr extra zu erwähnen.

Von Stefani Müller, Anti-Diät-Club-Mitglied und fest entschlossen, in diesem Leben nur noch Sofas ohne Unterbeine zu kaufen.

Jeder Jeck ist anders

Wat wells de maache – jeder Jeck ist anders. Letzterer ist ebenfalls ein schöner Spruch aus dem Rheinland, der weit über die Landesgrenzen hinaus bekannt ist. Jeder Verrückte (im positiven Sinn gemeint) ist anders. In erster Linie mag sich der Wortlaut auf die individuellen Geisteshaltungen, Weltanschauungen und Eigenarten der Menschen beziehen. Er trifft aber ganz eindeutig auch auf Körperformen zu. Ob dick, dünn, lang, schmal, klein, birnen- oder apfelförmig: Der Herrgott hat einen großen Tiergarten. Das ist ein Spruch, den ich das erste Mal von einer Wirtin am Bodensee gehört habe. Und er trifft zu, auch auf den Menschenzoo.

Hager oder mollig – auch eine Frage des Typs

Verschiedene Menschen haben verschiedene Körpertypen, das lässt sich in jeder Fußgängerzone beobachten. Der Arzt Gunter Frank schreibt in »Lizenz zum Essen«: »In der westlichen Medizin werden Menschen in unterschiedliche Körpergruppen eingeteilt, darunter sind leptosome (lang, hager, fettarm) und pyknosome (kompakt, mollig, fettreich). Vereinfachte Unterscheidung: Der Leptosome braucht tendenziell Wärme, dem Pykniker ist in der Regel eher heiß. Die Körperform eines Menschen wird hauptsächlich von seinen Fettpolstern und seiner Muskulatur bestimmt.« Wir sind alle individuell verschieden. Nicht nur in Bezug auf unsere persönlichen Marotten, Eigenarten und Ticks, sondern auch bezüglich unseres Körperbaus. Wer von Natur aus kräftig gebaut ist, wird nie ein schmales Persönchen mit zierlichem Popo werden. Umgekehrt wird eine gertenschlanke knabenhafte Frau nur in seltenen Fällen eine riesige Oberweite vor sich hertragen. Maja Storch, Autorin von »Mein Ich-Gewicht«, beschreibt das treffend: Aus einem Mops könne niemals ein Windhund werden, sondern nur ein unglücklicher, ausgemergelter Mops. Natürlich, ein paar Kilo rauf oder runter sind immer möglich. Aber im Grunde wird das Abnehmen nichts an Ihrer eigentlichen Statur ändern.

Einleuchtend ist deswegen auch: Es gibt keine perfekte Ernährung, die gleichzeitig für alle passt. Der eine verträgt keinen Fruchtzucker, der andere mag keinen Fisch, dem Dritten wird übel von Rohmilchkäse. Alles legitim, alles kein wirkliches Problem. Halten Sie sich an das, was Sie gut vertragen. Wenn Sie von rohem Gemüse Blähungen bekommen, dann lassen Sie die Paprika- und Gurkensticks weg, auch dann, wenn Sie abnehmen wollen. Sie und nur Sie können herausfinden, was ernährungstechnisch wirklich richtig und gut für Sie ist. Lassen Sie sich nichts mehr einreden, vertrauen Sie lieber Ihren Erfahrungen. Wir alle haben unterschiedliche Nasenflügel, Haarstrukturen und Fingernägelformen – wieso sollte uns da alles gleich gut schmecken und gleich gut bekommen? Wichtig ist für Sie, herauszufinden, welcher Ihr persönlicher Weg beim Abnehmen ist. Und das funktioniert nur über das Ausprobieren. Ein guter Richtwert sind die Vorgaben der Ernährungspyramide. Halten Sie sich daran, was für Sie persönlich am besten und am praktikabelsten für Ihre Lebensumstände ist. Nur dauerhaft dabeibleiben sollten Sie. Nicht nach ein paar Wochen wieder aufhören und in die alten Ernährungsmuster zurückfallen. Denken Sie daran: Eine lebenslange Ernährungsumstellung ist das Erfolgsgeheimnis der schwindenden Pfunde.

Wie furchtbar langweilig wäre es auch, würden wir alle gleich aussehen. Das ist kein Trost für den, der mit seinem Übergewicht hadert, klar. Aber diese Erkenntnis sollte uns dabei helfen, uns selbst so anzunehmen, wie wir nun einmal sind.

Wer das nicht kann, weil er sich mit seinem eigenen Gewicht partout nicht wohlfühlt, sollte versuchen, etwas daran zu ändern. Nicht anderen, sondern sich selbst zuliebe. Wer dagegen nur über drei Kilo zu viel klagt, sollte seine Einstellung zum Leben vielleicht noch einmal überdenken. Wir haben eben nun einmal nicht alle gertenschlanke Oberschenkel. Na und? Jeder Jeck ist anders, und jeder Mensch ist etwas ganz Besonderes – mit all seinen Eigenarten, Essensvorlieben und Sportausreden. Die Welt ist bunt, und das ist auch gut so. Sie sind einzigartig, genau so, wie Sie jetzt in diesem Moment sind.

Wer Sie ärgern darf, entscheiden nur Sie!

Ich weiß, es fällt nicht immer leicht, diese Einzigartigkeit zu akzeptieren. Schon in meiner Kindheit habe ich manchmal sehnsüchtig bis neidisch auf meine schmalen, dünnen, zerbrechlich wirkenden Klassenkameradinnen geblickt. Sie sahen so zart aus. Wenn ich neben einer von ihnen stand, groß für mein Alter und immer schon eher robust als schmal, fühlte ich mich oft wie ein zu üppig geratenes Nashorn neben einer ätherischen Elfe. Auch eine Episode aus den USA werde ich nie vergessen. Als ich 16 war, verbrachte ich ein Schuljahr als Austauschschülerin an einer High School in Kalifornien. Es war eine tolle und aufregende Zeit. Als ich mich gerade an die überschwängliche amerikanische Freundlichkeit gewöhnte und meine Gastmutter mich am zweiten Tag nach meiner Ankunft ihren Eltern vorstellte, prustete mein Gast-Opa laut und erstaunt bei meinem Anblick heraus: »What a big girl!« Was für ein kräftiges Mädchen! Na super. Sie können sich vorstellen, wie ich mich als Teenie mit zartem Selbstbewusstsein und dazu noch in einer fremden Umgebung nach diesem Ausspruch gefühlt habe. Damals habe ich versucht, die Situation mit einem lockeren Grinsen zu überspielen, doch noch heute erinnere ich mich an das Erlebnis, als wäre es gestern gewesen. Ich weiß, diese Geschichte ist ein absoluter Witz gegen die Sprüche, die viele dicke Menschen tagtäglich von ihrer Umwelt zu hören bekommen. Doch spätestens seit damals weiß ich, dass sich unbedachte Worte anderer, und seien sie auch noch so harmlos und lustig gemeint, tief in unsere grauen Zellen brennen können.

Vor allem wir Frauen lassen uns von blöden unbedachten Bemerkungen leicht verunsichern. Ein Merksatz, der helfen kann: »Wer mich ärgern darf, entscheide ich.« Anti-Diät-Club-Abend-Referent und Motivationstrainer Dirk Schmidt hat bei seinem Vortrag erzählt, dass er diesen Spruch jahrelang über seinem Schreibtisch hängen hatte. Ein schöner Satz, der selbstbewusst, autonom und stark macht.

Suchen Sie nach Ihren Schokoladenseiten

Inzwischen bin ich entspannter im Umgang mit und in Betrachtung meines Körpers. Ich bin zwar nicht gertenschlank, doch ich weiß inzwischen das zu schätzen, was mir an mir wirklich gefällt. Und ich bin überzeugt: Einen wohlwollenden Blick kann man sich antrainieren. Mit der Zeit. Man muss seine Schokoladenseite nur suchen – der eine vielleicht ein bisschen hartnäckiger als der andere, doch dann findet man sie auch. Und wenn man sie für sich entdeckt hat, diese persönlichen Pluspunkte, dann nix wie: Vorhang auf und betonen! Die meisten Frauen, die über zu viele Pfunde an Po und Hüfte klagen, haben beispielsweise ein wunderschönes Dekolleté. Streichen Sie das heraus mit Ihrer Kleidung, und hören Sie auf zu jammern. Denn alles in vollendeter Perfektion – das gibt es wohl bei keinem. Wir sind nun mal keine Maschinen, sondern Menschen. Und Sie wissen ja gar nicht und ahnen es vielleicht noch nicht einmal, um was andere Leute Sie heimlich alles beneiden.

Ich beispielsweise war immer latent unzufrieden mit meinen glatten schnurgeraden Haaren. Ich träumte von voluminösen Frisuren mit leichter lockiger Naturwelle, die bei anderen Frauen immer so toll aussehen. Bis mich meine ehemalige österreichische Arbeitskollegin Irma vor ein paar Jahren mit ehrlichem Interesse und fast neidvollem Unterton fragte: »Christina, sind deine Haare eigentlich von Natur aus so glatt?« Als ich schulterzuckend und fast schon peinlich berührt bejahte, verriet Irma mir, dass sie jeden Morgen mit dem Glätteisen vor ihrem Badezimmerspiegel stehe, um ihre dicken, kräftigen Haare möglichst platt und gerade um ihr Gesicht zu drapieren. »Ich hätte am liebsten solche Haare wie du« setzte sie noch einen drauf. Boah, was war ich plötzlich stolz! Ohne Witz: Seit dieser Unterhaltung habe ich Frieden geschlossen mit meinen glatten Haaren. Immer wenn sie mich heute beim Blick in den Spiegel nerven, denke ich: Andere wären vielleicht froh darum. Und Ihre Kollegen, Freunde und Verwandten beneiden Sie vielleicht auch um Ihren glatten rosigen Teint, um Ihre sexy Kurven, um die dunklen langen Wimpern oder, liebe Männer, um Ihren immer noch dichten Haupthaarwuchs.

Danke sagen macht glücklich

Zufrieden zu sein mit dem, was man hat, ist oftmals der Schlüssel zu mehr Freude und Gelassenheit. Einfach ist das nicht, das gebe ich zu. Doch es lohnt sich, öfter einmal Danke zu sagen. Einfach so in Gedanken vor sich hin. Wenn Sie kurz nachdenken, fällt Ihnen sicher vieles ein, wofür Sie dankbar sein können. Vieles im Leben betrachten wir im Laufe der Zeit als selbstverständlich, ich selbst nehme mich dabei gar nicht aus. Wir wollen immer mehr, mehr, mehr und sehen oft nur das, was uns fehlt, und nicht das, was wir haben. Wer öfter mal daran denkt, dankbar zu sein, ist glücklicher.

Und auch wenn Sie an manchen Tagen nicht dankbar sein können oder wollen, wenn alles um Sie herum nervt und Sie beim Blick in den Spiegel verzweifeln: Sie sind trotzdem gut so, wie Sie sind. Versuchen Sie sich frei zu machen von dem Urteil anderer. Wenn Sie liebenswürdig, aufrichtig und zu anderen Menschen gut sind, ist alles in Ordnung. »De Hauptsach is, et Hätz es joot.« Noch ein schöner kölscher Ausspruch. Auf das Herz kommt es an. Wir sehen eben nicht alle aus wie Supermodels, und auch Menschen, die mit ihrem vermeintlich perfekten Aussehen ihr Geld verdienen, können depressiv und einsam sein. Versuchen Sie, Ihren Körper ein wenig gnädiger zu betrachten. Denn er leistet wertvolle Arbeit – vom Stoffwechsel über die Verdauung bis hin zur Regeneration unserer Zellen. Und das 24 Stunden am Tag. Unser Organismus ist eine Wundermaschine. Er hat Lob verdient.

Erkennen Sie, wer Sie wirklich sind, streichen Sie Ihre Schokoladenseiten heraus, und akzeptieren Sie sich. Sich und Ihre Lebensumstände, denn auch diese gehören zu den Tatsachen, die wir in den meisten Fällen nur bedingt ändern können.

»Wichtig ist, Sport in den Tagesablauf einzubauen und sich an bewusste Ernährung zu halten. Auch die Familie muss mitmachen, sonst klappt es nicht.«

Karin Meißner, Anti-Diät-Club-Mitglied

Als Single hat man es während eines Abnehmprojekts wahrscheinlich am leichtesten – es ist schlichtweg keiner da, den man bekochen muss, vor dem man sich rechtfertigen muss oder von dem man sich ungebetene Ernährungsratschläge wie »probier doch mal die Kohlsuppen-Diät aus« anhören müsste.

In einer Partnerschaft sieht die Sache schon anders aus. Wenn Schatzi Milchschnitte isst, wollen wir plötzlich auch eine. Mausiherz wünscht sich jeden dritten Sonntag Schweinebraten mit knuspriger Kruste. Diesen Wunsch erfüllen wir doch gerne – und essen dabei auch fleißig mit, schmeckt ja schließlich super. Hasenbär tigert abends um halb elf noch mal zum Kühlschrank. Hhhhm, so ein bisschen Lust auf etwas Süßes – fällt uns gerade auf – haben wir ja eigentlich auch noch. Der Partner verführt zum vermehrten Essen, das ist einfach so. Nicht umsonst haben gemütliche verheiratete Männer meist ein paar Kilogramm mehr auf den Rippen als ihre Singlefreunde, die sich für die ständige Partnerpirsch fit und knackig halten. Das Futterneid-Thema in einer Beziehung betrifft Sie natürlich nicht, falls Sie einen absoluten Fitnessfreak lieben oder eine selbst ernannte Ernährungsfachfrau, dann kann es zu Hause mitunter ungemütlich werden.

Wenn Sie eine Familie haben, werden Sie die Problematik jedoch kennen. Ob sie es wollen oder nicht, es sind immer noch eher die Frauen als die Männer, die sich um die Essenszubereitung für die Liebsten kümmern. Doch auch, wenn Sie ein Hausmann sind und abnehmen wollen: Hüten Sie sich bloß davor, doppelt zu kochen! Das ist unnötige Arbeit, die Sie sich nicht aufzuhalsen brauchen. Wiener Schnitzel für die Kleinen und Sauerkrautsuppe für Sie? Quatsch. Kochen Sie lieber nur ein Gericht, und zwar mit viel Gemüse, fettarmem Fleisch oder Fisch. Sie selbst essen dann eine normal-gemäßigte Portion. Ihre Familie bekommt als Nachtisch noch einen Pudding – Sie nicht. Bei vielen Rezepten schmeckt man es wirklich nicht heraus, dass sie auf die schlanke Linie abzielen. Ihre Familie wird von Ihrer Ernährungsumstellung so vielleicht gar nichts merken. Holen Sie sich Inspirationen von den Kochrezepten hier im Buch, oder legen Sie sich ein Kochbuch mit frischen und fettarmen Gerichten zu. Auch in den verschiedenen bereits erwähnten Rezeptdatenbanken des Internets werden Sie bestimmt fündig auf der Suche nach praktischen Familiengerichten, die Ihren Bauchspeckanteil nicht weiter vergrößern.

Wat wells de maache? Manches im Leben kann man nicht ändern. Man kann nur versuchen, aus jeder Situation oder Gegebenheit das jeweils Beste zu machen. Mit einem entspannten Lächeln auf den Lippen klappt das meistens am besten.

- Schließen Sie Frieden mit Ihrem Körper und mit Ihrer individuellen Körperform.
- Schreiben Sie alle ernst gemeinten Komplimente auf, die Sie in den vergangenen Jahren erhalten haben – egal ob vom Partner oder von der Schwiegermutter. Komplimente sollte man bewahren wie die schönsten SMS auf dem Handy. Wann immer Sie sich schlecht fühlen, holen Sie Ihre persönliche Lob-Liste hervor, und lassen Sie sich von den netten Worten aufmuntern.
- Unsere Gene bestimmen, ob wir eine Veranlagung zum Dicksein haben oder nicht. Die gute Nachricht: Ob diese Veranlagung tatsächlich zum Tragen kommt, entscheiden wir mit unserem Verhalten selbst.
- Unseren persönlichen Set-Point können wir mit viel Geduld und Ausdauer durch vermehrte Bewegung und ein gesünderes Essverhalten senken.
- Wertschätzung und Dankbarkeit machen glücklich!

Feiern ohne zuzunehmen
Interview mit Anja Krumbe, Ernährungsberaterin aus Köln-Porz

www.praxis-ernaehrung.de

Kammelle, Kölsch und Käsewürfel – nehmen die Kölner an Karneval automatisch zu? Nein, Kamelle und Co sind im Karneval meist Ersatzmahlzeiten. Während des Rosenmontagszuges isst man vielleicht mehr Bonbons, aber dafür weniger zu Mittag. Es sind eher die alkoholischen Getränke, die sich auf der Waage niederschlagen, weil sie die Fettverbrennung bremsen.

Was hat denn mehr Kalorien – Kölsch oder Sekt? Ein Glas Kölsch, also 0,2 Liter Bier, hat etwa 90 Kalorien. Die gleiche Menge Sekt hat 160 Kalorien. Allerdings trinkt man Sekt ja meist langsamer als Bier. Ein paar Glas Kölsch lassen sich schneller hinunterstürzen. Wichtig ist, zwischendurch immer wieder Wasser zu trinken.

Um dem Kater vorzubeugen. Genau. Der schwere Kopf am nächsten Tag entsteht vor allem durch Magnesiummangel. Dagegen hilft eine Magnesiumtablette – die sollte man bereits vor dem Alkoholgenuss einnehmen oder reichlich magnesiumreiches Mineralwasser trinken – vorher, zwischendurch und nachher.

Was eignet sich vor dem Feiern als optimale Essensgrundlage? Wichtig ist, dass der Magen überhaupt gefüllt wird. Womit, ist nicht so wichtig. Etwas Fettiges muss es nicht unbedingt sein, diese Kalorien kann man besser einsparen. Brot als Grundlage etwa reicht völlig aus.

Angenommen, ich gehe abends auf eine Feier, auf der es massenhaft Essen gibt. Macht es Sinn, vorher das Mittagessen auszulassen? Nein. In solch einem Fall ist es besser, sich den ganzen Tag mit viel Obst und Gemüse gesund zu ernähren. Es bringt nichts, Mahlzeiten auszulassen, da man dann später umso mehr Heißhunger hat und dann mit großer Wahrscheinlichkeit viel mehr isst, als man es sonst getan hätte. Wenn man wirklich einmal zu viel gegessen hat, ist es besser, am nächsten Tag einen Rohkost-, Obst- oder Reistag einzulegen. Das ist viel sinnvoller, als zu versuchen, im Vorfeld Kalorien zu sparen. Das klappt nämlich so gut wie nie.

Gibt es überhaupt gesunde Karnevalssnacks? Natürlich. Auch Frikadellen kann man – mit Rinderhack oder Tatar in wenig Öl gebraten – relativ fettarm zubereiten. Eine gute Idee ist es, die Snacks immer mit Obst und Gemüse zu kombinieren. Käsewürfel zum Beispiel kann ich gut mit Weintrauben oder Gemüsesticks spicken.

Trotzdem – an Rosenmontag regnet es Schokoriegel und Gummibärchen. Wie schafft man es, nach dem Zug nicht in einen Süßigkeitenrausch zu verfallen? Das Wichtigste ist, sich seine Beute gut einzuteilen. Wer jeden Tag aus seiner Karnevalstüte nur ein oder zwei Sachen isst, hat keine zusätzlichen Pfunde zu befürchten. Das macht auch Sinn, nicht nur wegen der Fastenzeit. So hat man viel länger etwas davon. Gerade für Kinder ist es wichtig zu lernen, Maß zu halten.

Und genau das ist ja das Schwierige. Vor allem wenn etwas richtig gut schmeckt. Stimmt, vielen fällt es schwerer, wenige Süßigkeiten zu essen als gar keine. Dennoch bringen generelle Verbote nichts. Alles was verboten ist, bekommt so nur noch einen größeren Reiz. Und wer dann doch nicht widerstehen kann, bekommt automatisch ein schlechtes Gewissen. Das drückt dann auf die Psyche.

Also ist es am besten, den Karneval ganz ohne schlechtes Gewissen zu genießen. Genau, denn wer aktiv feiert und schunkelt, verbrennt zusätzliche Kalorien. Je mehr ich mich bewege, desto weniger fällt das, was ich gegessen habe, ins Gewicht. Im Übrigen ist es doch so: Die meisten von uns nehmen nicht in der Zeit zwischen Weiberfastnacht und Aschermittwoch zu, sondern zwischen Aschermittwoch und Weiberfastnacht. Wenn ich mich den Rest des Jahres gesund ernähre, sind fünf »sündige« Tage kein Problem.

Kleine Karnevals-Kalorientabelle:
– ein Glas Kölsch (0,2 l) = 90 Kalorien
– ein Glas Sekt (0,1 l) = 80 Kalorien
– ein Glas Weißwein (0,1 l) = 74 Kalorien
– eine Frikadelle (50 g) = 93 Kalorien
– Käsewürfel (20 g) = 62 Kalorien

8: MAACH ET JOT, ÄVVER NIT ZO OFF!

Mach es gut, aber nicht zu oft. Maßhalten ist das Geheimnis des Abnehmens.

Schweinebraten schmeckt. Pizza Salami mit extra Käse oberdrauf schmeckt. Und Schwarzwälder Kirschtorte schmeckt auch. Das sind alles leckere Sachen, nur leider sind sie alle auch tragisch für unsere Figur, zumindest wenn man Leckereien wie diese fast jeden Tag isst. Fest steht, wir Deutsche essen einfach zu viel. Wir leben im Lebensmittelüberflussland, das nächste Schnitzel und das nächste Stracciatella-Eis warten meist nur ein paar Hundert Meter entfernt von uns – in der Kühltruhe des nächsten Supermarkts. Ob Tiramisu, Tintenfisch oder Trüffelnudeln – fast jeder kulinarische Wunsch ist für uns in kurzer Zeit erfüllbar. Wir haben uns an das kulinarische Luxusleben gewöhnt. Viele Supermärkte beherbergen inzwischen Tausende verschiedene Produkte. An die Tatsache, beim Wochenendeinkauf regelmäßig zwischen 18 Müslisorten und 13 Frischkäsevarianten wählen zu müssen, haben wir uns inzwischen gewöhnt. Die meisten von uns wissen die Auswahl zu schätzen, sicher. Aber anstrengend ist es trotzdem. Wer ab und zu an den Imbissläden im Kölner Hauptbahnhof vorbeiläuft, weiß, wie schwer es ist, bei dem Duft von Rosinenschnecken und frischen Pommes standhaft zu bleiben.

Doch vielleicht hilft es schon, sich all diese Verlockungen bewusst zu machen und ihnen gerade deshalb – zumindest an drei oder vier von sieben Tagen – zu widerstehen. Das klappt, wenn Sie sich ganz deutlich vor Augen halten: »Okay, dieses Pizzastück in der Auslage zieht mich gerade magisch an, aber wenn ich ehrlich bin, brauche ich es jetzt nicht. Es reizt mich nur, weil ich es jetzt in diesem Moment sehe.« Wer sich ins Bewusstsein ruft, dass heute an allen Ecken die kulinarische Verführung lauert, kann besser mit ihr umgehen. »Uns muss klar werden«, dass nicht jeden Tag Weihnachten ist«, hat Clubpate Dr. Erich Haug im Rahmen seines Vortrags bei einem Anti-Diät-Club-Abend gesagt. Um fit und schlank zu bleiben, können wir schlichtweg nicht täglich schlemmen wie an einem Festtag. Jeden Tag Currywurst und Apfel-Streuselkuchen – das funktioniert nicht. Hin und wieder eine kleine Currywurst und ab und zu ein Stück Apfel-Streusel – das funktioniert dagegen sehr gut. Tief in unserem Inneren wissen wir doch, dass wir die immer wieder neuen Kreationen, mit denen uns die Lebensmittelindustrie verführen will – wie probiotische Vanille-Drinks oder Schokolade mit Pflaumen-Zimtgeschmack –, eigentlich doch gar nicht brauchen. »Der Mensch ist umso reicher, je mehr Dinge er lassen kann«, soll der Philosoph Henry David Thoreau einmal gesagt haben. Da ist was dran, oder?

Die Portionsgrößen auf dem Teller sind entscheidend

Wer mit seinem Gewicht unzufrieden ist, sollte noch einmal ernsthaft über die eigenen täglichen Portionen nachdenken. Denn viele von uns essen einfach zu viel – weil es so gut schmeckt, weil wir nicht aufhören können, weil Essen Glückshormone freisetzt. Fakt ist auch: Die Verkaufsportionen von vielen Lebensmitteln werden immer riesiger. Im Kino wird Cola in Ein-Liter-Pappbechern verkauft, und auch im Supermarkt liegen Familienpackungen mittlerweile in jedem zweiten Regal. XXL-Restaurants und »All you can eat«-Angebote laden zum Essen ohne Ende ein. Dabei ist weniger oft mehr.

Verabreden Sie sich im Café lieber zum Frühstück als zum Brunch. Das macht genauso viel Spaß, verführt aber nicht zur übermäßigen Kalorienaufnahme.

Moderate Portionen machen schlank. Ich weiß, sich selbst beim Essen Grenzen zu setzen, macht in etwa so viel Spaß, wie den Videorekorder neu zu programmieren. Die eigenen Mahlzeiten zu verkleinern ist anfangs sehr schwer, vor allem wenn man sich jahrelang an große Portionen gewöhnt hat. Die gute Nachricht: Der Magen kann sich auch wieder umgewöhnen. Wer über Wochen kleinere Portionen isst, dem kommen seine früheren Tellerladungen irgendwann riesig vor. Sie werden merken, kleinere Portionen tragen automatisch zu einem gesünderen Essverhalten bei. Ihr Motto: nicht schlingen, sondern jeden einzelnen Bissen langsam und mit Genuss verzehren. So werden Sie automatisch früher satt, denn das Sättigungsgefühl setzt bei den meisten erst nach etwa 20 Minuten ein. Und gerade dann, wenn man sich nicht jeden Tag sein Lieblingsgericht gönnt, kann man dieses, sobald die Zeit dafür gekommen ist, viel mehr genießen.

> *»Ein realistisches Ziel ist wichtig, es sollte nie zu hoch gesteckt sein. Mir persönlich hat es geholfen, abends die Kohlenhydrate wegzulassen. Eiweißmahlzeiten machen auch satt und liegen nicht so schwer im Magen.«*
>
> Helga Wallis-Fardel, Anti-Diät-Club-Mitglied

Auf die Dosis kommt es an – das ist übrigens auch die Quintessenz fast aller Anti-Diät-Club-Abende. Egal ob es um die Themen Kinderernährung, Säure-Basen-Haushalt oder Essen im Alter geht, es kommt immer wieder auf dieselbe These heraus. Keine strengen Verbote führen zum Ziel, sondern vielmehr ein vernünftig eingehaltenes Maß bei allen Mahlzeiten und Zwischenmahlzeiten. Naschen und Snacken ist erlaubt – solange es nicht ständig passiert. Alle vernünftigen Abnehmmethoden setzen letztlich auf diese Philosophie – maach et joot, aber eben nicht zu oft. Kleine Ausrutscher sollte man sich schnell verzeihen. Nur zur Gewohnheit werden sollten sie nicht.

Die Wochenbilanz zählt, nicht die Tagesbilanz

Auch noch wichtig: Wenn Sie nach dem Abendessen noch den Kühlschrank um den Viererpack Schokopudding erleichtert haben, bloß nicht denken: »Jetzt ist es sowieso schon egal, jetzt können auch noch die angefangene Packung Erdnussflips und die drei Scheiben Salami dran glauben.« Lieber auch hier wieder sich selbst ein imaginäres Stoppschild hochhalten und sich bewusst machen, »na schön, das war jetzt eben ein kleiner Ausrutscher, morgen trete ich dafür aus eigenem Antrieb auf die Kalorienbremse.« Und damit ist es gut. Schließen Sie die Packung Salami, und gehen Sie ins Bett. Letztlich zählt nämlich nicht die Tages- sondern die Wochenbilanz. Das predigen Ernährungsberater immer wieder. Halten auch Sie sich daran. Am Samstagabend bei der Party richtig zugelangt? Okay, dann wird eben am Sonntag ausgeglichen und die Bilanz der Woche auf diese Art schnell relativiert.

Auch extreme Naschkatzen mit ausgeprägtem Süßhunger können lernen, Maß zu halten. Frühstücken Sie süß. Sie werden sehen, so wird sich der Heißhunger auf Zucker tagsüber in Grenzen halten. Auch wer regelmäßig Obst isst, hat weniger Lust auf Süßigkeiten, da die Früchte bereits viel Fruchtzucker enthalten. Wenn Sie sich trotz Marmeladenfrühstück und Obststücken beim Griff in die Gummibärchentüte immer noch nicht bremsen können, legen Sie sich Ihr persönliches Süßigkeitenglas an. Es darf auch eine Dose sein. Füllen Sie diese am Sonntagabend mit 200 Gramm Naschwerk Ihrer Wahl. Diesen Vorrat können Sie sich dann über die Woche hinweg einteilen, ganz wie Sie möchten. Entweder Sie essen alles auf einmal oder jeden Tag nur ein bisschen. Wenn das Glas leer ist, ist es leer – einen Nachschlag gibt es erst wieder am nächsten Sonntag. Kollegen sind übrigens dankbare Vertilger geschenkter Süßigkeiten. Eine weitere Möglichkeit, um akutem Schokoladen-Schmacht zu entgehen: den Wecker, das Handy oder die Eieruhr auf zehn Minuten stellen. Es klingelt, und die Süßlust ist noch da? Okay, genießen Sie den Schokoriegel langsam und bewusst. Es klingelt, und Sie haben schon wieder vergessen, warum Sie den Wecker eigentlich gestellt hatten? Umso besser.

Essen im Restaurant? Kein Problem

Wer Maß halten kann, für den sind auch Ereignisse außer der Reihe kein Problem mehr. So wird der Restaurantbesuch zum Festessen ohne nachträgliches schlechtes Gewissen:

Erst einmal: genießen! Sie sitzen beim Italiener oder beim Griechen – freuen Sie sich darüber. Sie müssen heute weder kochen noch spülen – ist das nicht herrlich? Machen Sie sich ihr Glück bewusst, genießen Sie den Abend.

Bei der Getränkebestellung entscheiden Sie sich entweder für ein Mineralwasser, eine Weinschorle oder ein alkoholfreies Bier. Und wenn es Alkohol pur sein muss – belassen Sie es bei einem Getränk.

Was darf es für Sie sein? Wählen Sie ein Gericht mit einem großen Gemüseanteil. Auch Fisch wird in vielen Restaurants sehr gut zubereitet, oftmals besser, als es einem selbst zu Hause gelingt. Nutzen Sie das aus. Entscheiden Sie sich im Zweifel für das Gericht, auf das Sie wirklich Lust haben. Es nützt nichts, sich nur einen kleinen Salat zu bestellen, dafür dann den ganzen Abend neidisch auf die Pommes des Sitznachbarn zu schielen und den versäumten Genuss zu Hause mit der Chipstüte zu kompensieren. Bestellen Sie doch einfach das, was Sie selbst zu Hause nie oder nur selten kochen – so können Sie das Gewählte noch mehr genießen.

Der Brotkorb kommt. Und Sie ignorieren ihn gnadenlos. Warum? Entweder schmeckt das Weißbrot frisch und köstlich und verstärkt Ihren Appetit, sodass Sie kaum aufhören können, in den Korb zu greifen. Oder die kleinen Brötchen schmecken pappig und trocken und füllen Ihren Magen mit leeren Kalorien ohne Genuss. Lassen Sie den Appetizer weg. Der Hauptgang kommt doch eh gleich. Wenn Sie schon im Voraus wissen, dass Sie den Minibrötchen nicht widerstehen können, bitten Sie den Kellner freundlich, den Korb sofort wieder mitzunehmen.

Ihr Gericht kommt. Und Sie essen genau wie zu Hause ruhig und mit Bedacht. Bei jedem Schluck, den Sie trinken, legen Sie Ihr Besteck zur Seite. Sie versuchen, der Letzte in der Runde zu sein, der mit seinem Teller fertig ist. Na, wenn das mal kein Ansporn ist.

Die Dessertkarte kommt, und Sie lehnen dankend ab. Schließlich sind Sie ja schon angenehm satt, weil Sie genussvoll und langsam gegessen haben. Während Ihre Tischnachbarn Eis und Tiramisu bestellen, ordern Sie einfach einen Espresso oder Cappuccino.

Sie zahlen Ihre Rechnung, freuen sich über den schönen Abend und gehen beschwingt nach Hause.

Auf die Dosis kommt es an – vor allem beim Fett

Wer schlanker werden will, kommt meist nicht darum herum, fettärmer zu kochen. Warum uns Croissants, Salamipizza und Pommes rot-weiß so gut schmecken, hat seine Gründe: Leckeres deftiges Essen enthält oft viel Fett, und Fett ist der Geschmacksträger Nummer eins. Ein Gramm Fett hat neun Kalorien, Eiweiß und Kohlenhydrate kommen dagegen nur auf vier Kalorien pro Gramm. Aus Angst um die Figur ganz auf Fett zu verzichten wäre aber falsch. Fettsäuren sind für uns Menschen lebenswichtig, sie sorgen unter anderem dafür, dass unsere Gefäßwände geschmeidig bleiben und unsere Verdauungssäfte hergestellt werden können. Gerade die ungesättigten Fettsäuren müssen dem Organismus von außen zugeführt werden, denn der Körper kann sie allein nicht herstellen.

Aber wie viel Fett ist zu viel? »60 bis 80 Gramm sollte man täglich zu sich nehmen«, sagt die Kölner Ernährungsberaterin Jutta Knötgen. Mehr nicht. Das entspricht sieben Esslöffel voll an sichtbarem Fett. Dabei ist es gar nicht so schwer, den Fettanteil im eigenen Speiseplan zu reduzieren. Wer jetzt an Light-Produkte denkt, liegt jedoch falsch. Letztere sind überflüssig, weil viele Lebensmittel wie Geflügelwurst, Harzer Käse und Tomatenmark von Natur aus mager sind.

Viel effektiver ist es, die versteckten Fette ausfindig zu machen. Bei Fleischgerichten ist das Fett offensichtlich, wer am Kotelett oder Schinken den Fettrand sieht, kann ihn abschneiden. Liegt Wurst auf dem Teller, ist die Sache meist schwieriger. Tierprodukte, die verarbeitet werden, müssen cremig werden, um durch die Maschinen zu rutschen, daher enthalten die meisten Wurstsorten viel Fett. Gute Alternativen sind Sorten, die weniger stark verarbeitet wurden und denen man den Fleischzustand noch ansieht wie etwa Geflügelwurst oder Bratenaufschnitt. Und wer sich ab und zu eine dünne luftgetrocknete Salamischeibe aufs Vollkornbrot legt, nimmt sogar weniger Fett zu sich als mit einem Brotbelag aus Leber- oder Teewurst in der Light-Variante. Auch fetter Fisch zweimal pro Woche ist absolut in Ordnung, denn Sorten wie Lachs und Hering enthalten viele gesunde Omega-3-Fettsäuren.

Nicht jedes Fett macht fett. Ungut für Bauch und Cholesterinspiegel sind vor allem die gehärteten Fette, die sogenannten Transfette. Sie sind häufig in Fertigprodukten zu finden – etwa in Tiefkühlpizzen, Chips und Keksen. Dagegen sollten nicht raffinierte Öle, wie natives Oliven- oder Rapsöl, auch bei kalorienbewusster Ernährung täglich zum Einsatz kommen. Wichtig ist, kalt gepresste Öle auch nur kalt zu verwenden, da beim Erhitzen die wertvollen Fettbausteine zerstört werden. »Anstatt das Olivenöl zum Anbraten zu nutzen, geben Sie lieber nach dem Braten ein paar Tropfen auf die Speisen«, rät Expertin Knötgen. Um am Herd generell Fett zu sparen, lohnt es sich, die Pfanne erst heiß werden zu lassen und dann das Fett – sparsam mit dem Löffel – hineinzugeben. Sonst nimmt man schnell schon mal zu viel.

Welche Fettsäuren stecken worin?
- Mehrfach ungesättigte Fettsäuren (Omega 3): Walnussöl, Leinöl, Weizenkeimöl, Hering, Makrele, Lachs, Thunfisch, Aal
- Mehrfach ungesättigte Fettsäuren (Omega 6): Sonnenblumenöl, Distelöl, Sojaöl
- Einfach ungesättigte Fettsäuren: Rapsöl, Olivenöl, Erdnussöl, Avocado
- Gesättigte Fettsäuren: Butter, Schmalz, Kokosfett, Palmfett, Kakaobutter (Schokolade), Wurst, Käse

So vermeiden Sie versteckte Fette bei Wurst
- Fettarme Sorten bevorzugen, wie Geflügelwurst, Lachs- und Kochschinken oder Sülzen
- Fleisch- und Bratenaufschnitt sind ideal. Wählen Sie Pute, Roastbeef oder Kasseler
- Leberwurst und Salami nur sparsam verwenden, beide Sorten enthalten zwischen 30 und 35 Gramm Fett pro 100 Gramm
- Schneiden Sie beim Schinken generell den Fettrand ab

So vermeiden Sie versteckte Fette bei Käse
- Generell gilt: Je höher der Wasseranteil, desto niedriger der Fettanteil im Käse. Sorten mit Lake (wie Mozzarella oder Feta) enthalten viel Wasser und sind daher relativ fettarm
- Vergleichen Sie Fettangaben nur in der gleichen Größe. Entweder in Prozent in Trockenmasse (% i. Tr.) oder in Bezug auf den absoluten Fettgehalt. Letzterer steht auf der Packung unter den Nährwertangaben (Gramm Fett pro 100 Gramm)
- Wer abnehmen will, sollte Käsesorten mit maximal 45 Prozent Fett in Trockenmasse wählen, das entspricht 22 Prozent Fett absolut

So sparen Sie Fett
- Sichtbare Fette wie Butter oder Öl beim Braten sparsam mit dem Löffel dosieren
- Fettränder abschneiden, etwa bei Steak und Schnitzel
- Immer beschichtete Pfannen verwenden
- Öl mit dem Pumpzerstäuber gezielt auftragen
- Überflüssiges Fett in der Pfanne oder auf dem Teller mit Küchenkrepp aufsaugen

- Grillen spart Fett, genauso wie das Backen im Backofen statt des Bratens in der Pfanne
- Beim Grillen keine fettigen Marinaden verwenden, Kräuter und ein wenig Öl reichen aus
- Ebenfalls fettarm: das Braten im Bratschlauch. Perfekt für Gäste, da man nicht ständig am Ofen stehen muss. Weiterer Vorteil: Fischgerichte im Bratschlauch riechen nicht
- Auch der ein wenig aus der Mode gekommene Römertopf eignet sich für fettarmes Garen, ebenso das Garen auf einem Salzbett aus grobem Salz
- Ersetzen Sie Streichfette auf Brot entweder durch Senf (fettfrei), Meerrettich (ohne Sahne), Quark (max. 10 % Fett in Tr.), leichte Salatcreme oder Tomatenmark. Probieren Sie mehrere Varianten aus!
- Auch fettreduzierter Frischkäse eignet sich als Brotbelag. Wählen Sie aber keine Produkte unter 16 % Fett in Trockenmasse, denn diese enthalten meist zu viele Dickungsmittel und Zusätze

Maach et jot, ävver nit zo off! – Dieser Satz ist perfekt, um Ihre neue Ernährungseinstellung zu beschreiben. Gönnen Sie sich Gutes. Damit meine ich nicht Kaviar oder Champagner, sondern leckere, frische Lebensmittel. Investieren Sie in knackiges Obst und Gemüse und in hochwertige Fleisch- und Fischprodukte. Fast nirgendwo in Europa kosten die Lebensmittel so wenig wie bei uns. Nicht nur Milchprodukte und Süßigkeiten sind in anderen Ländern meist um ein Vielfaches teurer.

Gutes Essen muss auch gar nicht viel kosten. Oft sind gerade die einfachen Gerichte die besten. Ein gartenfrischer Gemüseeintopf. Oder junge Kartoffeln mit selbst gemachtem Kräuterquark. Fertigprodukte mögen praktischer sein, doch auf die meisten von ihnen können und sollten Sie auch bei knappem Zeitbudget verzichten. Auf geschälte kreisrunde Kartoffeln aus dem Glas etwa. Oder auf fertigen Pfannkuchenteig aus der Plastikflasche. Um zu durchschauen, dass dieser künstliche Zusatz- und Konservierungsstoffe enthalten muss, braucht man kein Ernährungsexperte zu sein. Beim Discounter gibt es inzwischen ganze Suppenhühner für 99 Cent. Ein ganzes Tier zum Preis von unter einem Euro! Man braucht nicht viel Fantasie, um sich vorzustellen, wie dieses Tier wohl gelebt haben muss. Denken Sie nach, bevor Sie zu solch vermeintlichen Schnäppchen greifen. Kaufen Sie auch keine abstrusen Convenience-Lebensmittel, die man nur noch von ihrer Folie befreien und in die Mikrowelle schieben muss. Die meisten Fertiggerichte bestehen ernährungsphysiologisch aus Müll und machen weder satt noch glücklich. Gehen Sie dafür lieber mal wieder auf den Wochenmarkt. Genießen Sie Ihr Essen. Aber vermeiden Sie es, über Ihr natürliches Sättigungsgefühl hinaus zu essen und mehrmals pro Woche Cremeschnittchen und Dönergerichte zu vertilgen. Was für Sie zu viel des Guten ist und ab welcher Dosis Ihr Bauchumfang zu wachsen und Ihr Magen zu drücken beginnt, wissen Sie selbst, wenn Sie auf Ihren Körper hören und ihn beobachten.

Adipöses Anekdötchen: Die verschiedenen Arten von Essen

Maßhalten fällt manchmal wirklich schwer. Da gibt es zum Beispiel das Solidaritätsessen. Oft kann ich mich nicht dagegen wehren und gerate völlig unabsichtlich in die Schlinge des großen Fressens. »Komm, iss doch noch was!«, säuselt die Oma. »Sonst bleibt so viel übrig!«, beschwert sich die Tante. »Du hast doch noch gar nicht viel gegessen!«, frohlockt Mama. Und dann ist es geschehen: Ich

habe mehr verputzt, als in meinen Magen passt. In Gesellschaft isst es sich eben leichter.
Es gibt aber auch Momente, in denen ich nicht zum Essen gezwungen werde. Ich sitze mit meiner besten Freundin auf der Couch, im Fernsehen läuft die neue Folge meiner Lieblingsserie, der Tisch ist bestückt mit Chips, Plätzchen und Schokolade, und rein aus Solidarität landen Tausende von Kalorien in meinem Körper. Gemeinsam essen ist eben viel schöner.
Absurdes Übertreibungsessen – noch nie gehört? Am besten erkläre ich das anhand unserer letzten Weihnachtsfeier. Die Speisekarte stellt mir die Frage: 150 Gramm oder 250 Gramm Steak? Mmh ... lecker, mir läuft bei der Vorstellung an ein medium gebratenes Steak das Wasser im Mund zusammen. Mein vernünftiges Ich verweist auf das 150-Gramm-Steak, aber mein ungezähmtes Ich will das 250-Gramm-Stück Fleisch und bestellt es auch. Mein Chef prustet: »250 Gramm schaffst du nie! Das ist viel zu viel, da sind ja noch Pommes bei!« Ich kontere mutig: »Haha, wenn ich mein großes Steak gegessen habe, verputze ich danach noch deine Reste!« Das stimmt natürlich nicht, aber mit dieser absurden Übertreibung lande ich einen Witz und überspiele so meinen Hang zu großen Portionen.
Frustessen – nicht gewollt, aber schnell passiert! Die 300-Gramm-Tafel Schokolade tröstet rasch nach dem Ärger im Büro, nach stundenlangem Stop and Go über die A3 zwischen Köln und Leverkusen auf dem Heimweg, nach Gefühlen der Überforderung, nach unangenehmen Telefonaten und so weiter, und so weiter ...
Belohnungsessen – dat hammer uns verdient! Wenn ich fleißig war, gönne ich mir gern eine Kleinigkeit aus dem Kühlschrank und, glauben Sie mir, ich kann sehr fleißig sein.

Situationsessen – jeder Tag bringt etwas Neues! Der Besuch bei meiner Mama beginnt immer mit der gleichen Frage: »Kind, hast du schon was gegessen?« Selbst wenn ja, egal! Bevor die Jacke am Holzgarderobenhaken hängt, steht ein Stück Kuchen auf meinem Platz. Es wird gegessen, weil man sich trifft, weil es Zeit dazu ist, weil man ein gastfreundliches Gegenüber hat oder mit Essen beschenkt wird, weil man es angeboten bekommt, weil es einfach da steht und einen verführt oder weil das gute Essen sonst im Müll landen würde. Maßhalten ist schwierig.

Von Stefani Müller, Anti-Diät-Club-Mitglied und fest davon überzeugt, dass sie bei ihrer nächsten Weihnachtsfeier nur einen kleinen gemischten Salat bestellen wird.

Das Lebkuchenversteck im Briefkasten
Interview mit Jola Jaromin

Die Kölner Ernährungsberaterin hat unter anderem die Kandidaten der Pro7-Abnehmshow »The biggest loser« betreut und war Referentin eines Anti-Diät-Club-Abends zum Thema Kinderernährung. www.food-coaching.de

Frau Jaromin, Sie bieten seit Jahren Ernährungskurse in Köln an. Was kennzeichnet den typischen Rheinländer, der zu Ihnen kommt? Seine offene, freundliche und lockere Art, sowohl mit anderen Teilnehmern, als auch mit mir als Kursleiterin umzugehen. Ich werde mit Kölner Gruppen sehr schnell warm. Nicht selten werde ich nach ein paar Wochen mit »Mädchen« oder anderen Kosenamen angesprochen, was ich der frohen Natur des Kölners zuschreibe. Die Gruppen sind meist sehr warmherzig, verständnisvoll für die Probleme anderer und sofort mit Lösungen dabei, wenn es um Schwierigkeiten bei der Umsetzung von Empfehlungen geht. Die Kölner sind aber oft auch selbstkritisch und ehrgeizig. Sie loben sich nicht gerne selbst. Manchmal sind sie ungeduldig und mit ihrer Gewichtsreduktion nicht zufrieden, obwohl sie es eigentlich sein könnten.

Was unterscheidet den Rheinländer beim Abnehmen von anderen Landsleuten? Seine Offenheit neuen Dingen gegenüber. Seine Lustigkeit und Lockerheit. Es geht ihm ums Abnehmen, klar, aber er ist nicht verbissen. Wichtig ist ihm auch die regelmäßige Kneipenrunde – der Genuss darf nicht außen vor bleiben.

Wie wichtig ist ihm gutes Essen? Sehr wichtig, auch hierbei steht der Genuss im Vordergrund. Rheinisches Essen ist geprägt von gutbürgerlicher Küche und natürlich Kölsch. Der Rheinländer mag aber auch mediterrane Kost. Brot, Kartoffeln und Fleisch gehören für ihn zu einem guten Essen dazu.

Spielt der Humor in Köln beim Abnehmen eine Rolle? Immer! Wenn in der Gruppe mal zu viel genascht wurde und die Waage dann mehr anzeigt, kommen oft Sprüche wie »Et hät noch immer jot jejange« oder »Von nix kütt nix«. Ich lache immer viel mit meinen Teilnehmern und mache hier und da auch ein paar Späßchen, was in anderen Kursen manchmal nicht so gut ankommt. Viele Kölner können auch über sich selbst lachen. Ich erinnere mich an eine Kennenlernrunde, in der ein Gruppenmitglied ganz offen zugab: »Ich bin viel zu fett«, dazu gehört schon Mut. Auch in der Entwicklung von Alltagstricks ist der Kölner äußerst originell. Eine Dame aus meinem Kurs hat zur Weihnachtszeit ihre Lebkuchenherzen mit Marmeladenfüllung in ihrem Briefkasten deponiert – das ist wirklich wahr! Und da sie im vierten Stock wohnt, hat sie sich dann tatsächlich zu jedem Gang überwinden müssen.

Welche rheinischen Gerichte sind kalorienarm? Haxe ohne Haut und Schwarte. Da werden jetzt viele rufen: »Aber das ist doch das Beste daran.« Doch wer es einmal ausprobiert hat, mag das auch. Als Beilagen Kartoffelbrei mit Milch, ohne Butter und Sahne, und Sauerkraut mit Schinkenwürfeln, ohne Speck. Ebenfalls kalorienarm: Himmel und Ääd – Stampfkartoffeln mit Apfelmus oder Apfelwürfeln. Halver Hahn, ein Röggelchen mit fettarmem Gouda, saurer Gurke, Zwiebeln, Senf und ohne Butter eignet sich auch.

Und was sind kölsche Kalorienbomben? Die Schweinshaxe, Reibekuchen mit Speck und natürlich Flönz, die Blutwurst.

Ihr Vorschlag für ein kalorienbewusstes Gericht, das zum Rheinländer passt? Folienkartoffeln mit Quark und Rinderfilet oder Putenbrustfilet. Dazu ein gemischter Salat. Oder Kartoffeln mit Sauerkraut, dazu Schweinefilet. Ein gemischter Salat passt dazu mit Zucchini und Champignons in Knoblauchöl geschwenkt. Alternativ: Stampfkartoffeln mit kross gebratenen Schinkenwürfeln, ohne Speck, dafür mit Buttermilch.

9: WAT SOLL DÄ KÄU?

Was soll der Quatsch? Warum Crash-Diäten, Light-Produkte und Wunderpillen nichts bringen.

Wie herrlich wäre das – einfach eine kleine weiße Pille einwerfen, und schon könnten uns die Kalorien von Lachs-Sahne-Gratin, Spaghetti Bolognese und Mousse au chocolat nichts mehr anhaben. Fast jeden Tag erhalte ich Spam-Nachrichten in meinem E-Mail-Postfach, die versprechen: »10 Kilo in 5 Tagen weg«, »Schlank werden war noch nie so einfach« oder »Diätpillen aus den USA sorgen für den Durchbruch.« Offenbar gibt es noch immer Internetnutzer, die diesen unglaubwürdigen Verheißungen tatsächlich auf den Leim gehen, sonst würde sich das Diätmittel-Spam-Geschäft ja wohl kaum lohnen.

In Wahrheit ist es leider so: Pillen und Pülverchen bringen uns auf der Abnehmerfolgsleiter meist nicht weiter. Das Zeug ist teuer und meistens rausgeschmissenes Geld. Unser Körper ist ein mannigfaltiges Wunderwerk und viel zu komplex, um sich durch vermeintliche Zauberpillen beeinflussen zu lassen. Es wäre ja auch zu schön, um wahr zu sein. Für eine gute Figur und einen gesunden Körper muss man eben etwas tun. Im Leben kriegt man nun einmal nichts geschenkt.

Ebenfalls mit Vorsicht zu genießen sind die unzähligen Abnehmdrinks, die in den Supermarkt- und Apothekenregalen stehen. Die meisten schmecken nach Pappe oder im besten Fall nach nichts, sie haben ebenfalls einen stolzen Preis und machen – wenn wir ehrlich sind – nicht wirklich satt. Außerdem fehlt einfach das Kau- und Essgefühl, das befriedigende Ritual der festen Nahrungsaufnahme. Weg also mit den Abnehmdrinks.

Und wenn Sie schon einmal beim Entsorgen sind: Die ganzen Anleitungen und Rezepte in Frauenzeitschriften zu den Ananas-, Bikini-, Nudel- und Kartoffel-Diäten können Sie gleich mit in den Restmüll packen. Die Zeit der strengen Einheitsbreidiäten ist für Sie ein für allemal vorbei, Sie brauchen sie nicht mehr. Raus aus dem Diätendschungel: Heute sind Low-Carb und Glyx-Diät in Mode, in ein paar Monaten vielleicht schon wieder die Atkins-Diät oder Schrothkuren. Finden Sie Ihren eigenen Weg, essen Sie das, was Ihnen schmeckt und gut tut. Wenn Sie dabei maßhalten, nicht ständig über die Stränge schlagen und sich regelmäßig bewegen, dann sind Sie auf dem richtigen Weg.

Was Sie bitte ab sofort ebenfalls unangetastet im Supermarktregal stehen lassen, sind alle Diät-, Light-, fett- und zuckerreduzierten Lebensmittel. Sie sind in den meisten Fällen ihr Geld nicht wert, denn sie enthalten viele künstliche Zusatzstoffe und Süßungsmittel. Das sind nichts als Chemieprodukte aus dem Labor. Begnügen Sie sich lieber, wo es möglich ist, mit dem Naturprodukt. Kaufen Sie Käse in der fetteren Variante, wenn er Ihnen besser schmeckt, und essen Sie von ihm eben abends nur eine Scheibe anstatt drei Scheiben Light-Käse. Denn Diät-Produkte verführen dazu, mehr von ihnen zu essen, weil ja schließlich »Diät« auf der Packung steht. Unser Körper lässt sich von Light-Produkten nicht austricksen. In den Supermärkten der USA finden sich fast ausschließlich fettreduzierte Produkte, und dennoch werden viele Amerikaner immer dicker – weil sie ihr Bedürfnis nach Fett im Gegenzug mit vielen Kohlenhydraten stillen, mit Popcorn in der Riesentüte und Mega-Tripple-Hamburgern. Halten Sie sich lieber an die Originalversionen, auch bei Getränken.

Es soll Leute geben, die Light-Sprühsahne kaufen und sich gleichzeitig über den höheren Produktpreis und die dennoch hartnäckigen Kilos beschweren. Light macht eben nicht zwangsläufig leicht. Ähnlich verhält es sich mit »Functional Food«, gemeint sind Lebensmittel mit angeblichem Zusatznutzen wie etwa probiotische Joghurts. Ihre Wirkung ist äußerst umstritten, und manche Konsumenten wundern sich ernsthaft, dass sie trotz des morgendlich hinuntergekippten Mini-Drinks eine Erkältung bekommen. An Produkten wie diesen verdienen die Konzerne Millionen, Werbung wirkt. Manche Kunden fallen allzu leichtgläubig auf die Versprechungen der Hersteller herein. Und wer öfters abends Fernsehen sieht, weiß, wie sehr die Werbung für Schokolade, Eis und Co die auf Abnehmen gepolten Nerven strapazieren kann. Was man sieht, will man oft auch haben. Haben Sie dagegen schon einmal einen Werbespot für Zucchini gesehen, für Grünkohl oder für Nektarinen? Eben.

Es gibt keine »Pfund-weg-Pille«, keine Wunderkur in zwei Wochen, kein Zaubermittel gegen das Doppelkinn oder gegen das Sixpack im Speckmantel, auch Bierbauch genannt. Was es jedoch gibt, sind immer wieder neue Diätverkündungen und Abnehmverheißungen. Fallen Sie nicht darauf herein. Von nix kütt nix, ein weiterer weiser Spruch, den der Rheinländer parat hat. Leben bedeutet Anstrengung. Nicht immer, manchmal darf man sich auch ausruhen. Aber in der Regel ist es doch so, dass Einsatz belohnt wird. Meistens zumindest. Vergessen Sie daher die Wundermittel, und glauben Sie lieber fest an sich selbst und an Ihren zukünftigen schlanken Körper.

Hungern ist tabu

Wat soll dä Käu? Beim Abnehmen gibt es ein paar Dinge, die Sie tunlichst unterlassen sollten. Zum Beispiel hungern und darben. Denn was viele Leute vor ihrem persönlichen »Projekt schlanker Körper« abschreckt, ist die Angst, Hunger leiden zu müssen. Doch wenn Sie es richtig angehen, ist diese Furcht unbegründet, schließlich gehören Sie ja ab sofort zum Anti-Diät-Club. Hungern ist absolut falsch. Mit einer zu geringen Kalorienzufuhr drosseln Sie lediglich Ihren Stoffwechsel, Ihr Körper denkt, er sei plötzlich in eine Hungersnot geraten und verbrennt von nun an noch weniger Kalorien. Das ist auch der Grund, warum manche Leute sehr wenig essen und trotzdem nicht abnehmen. Besonders Menschen, die schon unzählige Diäten hinter sich gebracht haben, verfügen oft über einen stark gesunkenen Grundumsatz. Der Körper hat sich auf weitere Dürreperioden eingestellt und sich den Gegebenheiten, dem Mangelzustand angepasst. Von daher: Essen Sie. Essen Sie sich satt an Salat, an Gemüse, an Hähnchenfilet, an Hülsenfrüchten, an Nüssen und Kernen, an Obst. Wenn Sie abwechslungsreich, bewusst und gesund essen, brauchen Sie keine Kalorien zu zählen.

Mindestens einmal am Tag sollten Sie sich – auch beim Abnehmen – völlig satt essen, sonst stellt sich unverzüglich der Frust ein. Allerdings müssen Sie unterscheiden zwischen »satt essen« und »überessen«. Satt sein fühlt sich angenehm an im Magen, wer sich übergessen hat, fühlt sich dagegen unwohl, als hätte er Steine im Bauch. Der Körper meldet sich regelmäßig, werden Sie sensibel für seine »Jetzt-ist-es-genug«-Signale. Wer langsam und bedächtig isst, ist also klar im Vorteil. Sobald der nächste Bissen den Genuss nicht mehr steigern kann: aufhören.

Die Japaner nennen dieses Prinzip »Hara hachi bu«, es wird auf der Insel Okinawa praktiziert und bedeutet so viel wie »den Magen nur zu 80 Prozent füllen, sich nie überessen«. Wer diesen Grundsatz befolgt, entlastet angeblich seine Verdauungsorgane und verlängert die eigene Lebenszeit. Das Problem ist nur: Woran merke ich, dass mein Magen schon zu 80 Prozent voll ist und nicht erst zu 62 oder 75 Prozent? Diese Methode setzt offenbar ein regelmäßiges Ess-Training voraus. Nein, jetzt mal im Ernst, es macht sicher Sinn, sich nicht jeden Tag bis ultimo vollzustopfen. Fragen Sie sich doch einmal selbst ganz ehrlich: An wie vielen Tagen dieser Woche haben Sie sich nicht übergessen? Meistens essen wir bei allen unseren Mahlzeiten mehr, als wir müssten, weil es eben einfach so gut schmeckt und wir oft nicht aufhören können. Der Magen gewöhnt sich im Laufe der Zeit an seine üblichen Portionen. Und so verwundert es nicht, dass viele Übergewichtige tatsächlich jeden Tag sehr üppige Mahlzeiten verdrücken.

Weniger essen, trotzdem satt sein

Jetzt fragen Sie bestimmt, wie passt das zusammen – ich soll Maß halten, mich mit kleineren Portionen begnügen und mich trotzdem satt essen. Beides muss kein Widerspruch sein. Achten Sie auf kleinere Portionen, vor allem bei Kalorienbombengerichten wie Schnitzel, Pizza oder Sahnenudeln. Alles ist erlaubt, aber eben in Maßen. Wenn Sie sich nach wenigen Wochen an die kleinen Portionen gewöhnt haben, werden Sie von denen auch satt, das verspreche ich Ihnen. Und wenn Sie nach einem Steak mit grünen Bohnen immer noch Hunger haben, dann essen Sie eben noch einen Apfel hinterher.

Satt essen sollten Sie sich generell an gesunden und frischen Sachen. Ein Berg Champignons, ein großer Feldsalat, eine Paprika-Reispfanne, Gemüselasagne mit Tomatensauce – das alles macht relativ gut satt, hat dabei aber wenig Kalorien. Genau das ist auch das »Volumetrics«-Prinzip, eine weitere

Strategie zum Abnehmen. Nicht die Anzahl der verzehrten Kalorien entscheidet über unseren Sättigungsgrad, sondern das Volumen der Speisen. Offenbar benötigen die meisten Menschen zwischen 1000 und 1500 Gramm Essbares, um ihren Magen sättigend zu füllen. Ideal zum Satt- und gleichzeitig Schlankwerden eignen sich daher Speisen und Gerichte mit einem möglichst großen Volumen bei gleichzeitig wenig Kalorien, sprich: mit einem hohen Wasseranteil. Gurken, grüner Salat, Sauerkraut, Äpfel, Paprika, Tomaten – all diese Lebensmittel haben einen Wasseranteil zwischen 80 und 90 Prozent und lagern sich deshalb nicht auf den Hüften ab. Sie merken, mit dem Volumetrics-Prinzip wurde also nicht das Rad neu erfunden, letztlich läuft es auch hier auf eine Ernährung mit möglichst viel Obst und Gemüse hinaus. Um das Grünzeug kommen Sie also leider nicht herum. Und mit der Zeit werden Sie merken: Es schmeckt und vertreibt den Hunger, wenn Sie es lecker zubereiten.

Wichtig: die gute Laune behalten

Neben dem Hungern sollten Sie noch etwas unterlassen. Und zwar schlechte Laune zu verbreiten. Weder in Ihrer Familie, noch auf Ihrer Arbeitsstelle. Wer nicht genügend zu sich nimmt – seien es Kalorien, Kohlenhydrate oder Fettpunkte, wird automatisch verdrießlich. Das ist logisch. Zu wenig Nahrung im Bauch drückt auf die Laune und zwar dramatisch. Doch anstatt den Frust an ihren Zeitgenossen auszulassen, sollten Anti-Diät-Clubber lieber ausreichend essen. Es müssen ja keine Kalorienbomben sein. Wer bei seinem Abnehmvorhaben schlechte Laune bekommt, macht garantiert etwas falsch. Der Magen braucht einen Sättigungsreiz, um glücklich zu sein.

Wo wir schon einmal beim Thema schlechte Laune verbreiten sind: Viele Abnehmende bekommen plötzlich die Eingebung, gleich auch ihr Umfeld missionieren zu wollen. Dem Ehemann wird plötzlich geraten, auf seine heiß geliebte Fleischwurst zu verzichten, die Kollegin wird schief angeguckt, sobald sie beim Büro-Umtrunk in das zweite belegte Brötchen beißt. Behalten Sie Ihre gut gemeinten Tipps lieber für sich. Sie möchten abnehmen, und das ist auch in Ordnung. Nur lassen Sie Ihre Mitmenschen bitte guten Gewissens das essen, was ihnen beliebt. Mit gutem Beispiel voranzugehen und gleichzeitig nicht viele Worte darüber zu verlieren, ist meist wirkungsvoller, als Partner, Freunde und Familienmitglieder ständig zu ermahnen und – vielleicht sogar auch unbewusst – zu bevormunden. Denn Sie wissen ja: Gut gemeint ist leider meist das Gegenteil von gut.

Adipöses Anekdötchen: Kakao zum Mittagessen
Eine der vielen Waffen, zu der ich griff, um die schlanke Frau in mir zu befreien, waren homöopathische Appetitzügler. Ein totaler Reinfall. »Vor jeder Mahlzeit eine Tablette langsam auf der Zunge zergehen lassen«, stand in der Packungsanweisung. Bäh! Bis ich einen gezügelten Appetit verspürte, war ich längst dabei zu verhungern und hatte schon sechs Reibekuchen mit Apfelmus bei Muttern verputzt. Das Einzige, was mir den Appetit verdarb, war der eklige Tablettengeschmack auf der Zunge – vom Essen abhalten konnte der mich aber leider nicht. Doch von dieser Niederlage ließ ich mich nicht ausbremsen. Einige Zeit später kam ein neues Wundermittel auf den Markt: L112. Es versprach mir, dass ich essen konnte, was ich wollte, aber die meisten Kalorien ausgeschieden wurden. Ich war mir sicher: Das wird mein Durchbruch! In meinem Kopfki-

no war ich schlank, konnte mir Klamotten kaufen, ohne die Sachen in Größe 50 zu suchen, wurde von allen angesprochen und bewundernd gefragt: »Hast du abgenommen?« oder »Wie hast du das geschafft?«. Ich träumte schon von einem eigenen Abnehmartikel mit Vorher-Nachher-Fotos in der »Bild der Frau«. Nach der Arbeit machte ich mich auf in die Apotheke, um mir meine Wunderwaffe zu besorgen. Doch alles kam anders als geplant. Die knabenhafte Apothekerin im weißen Kittel riet mir von dem Medikament ab. Sie weigerte sich einfach, mir das Produkt zu verkaufen. Aus gesundheitlichen Gründen hielt sie es für bedenklich und nicht für mich geeignet. Wahrlich sauer, entmutigt und enttäuscht fuhr ich nach Hause und verabschiedete mich in Gedanken von meinem eigenen Zeitungsartikel. Sie fragen sich, warum ich nicht einfach in eine andere Apotheke gegangen bin? Weil ich im Inneren wusste, dass die Frau recht hatte. Aber ich gab nicht auf. Nun setzte ich meine Hoffnungen auf Slimfast – ein Pulver, das laut wörtlicher Übersetzung schnell schlank machen sollte. »Ersetzen Sie zwei Mahlzeiten am Tag durch Slimfast«, lautete die Anweisung. Hörte sich doch super an! Das wollte ich machen. Ich suchte einen Drogeriemarkt auf und bezahlte eine Menge Geld für das braune Pulver. Natürlich musste es für mich die Geschmacksvariante »Schokolade« sein. In der Mittagspause holte ich im Pausenraum meine Trinkflasche mit Slimfast heraus. Während die anderen Kolleginnen leckere Brötchen mit Vollfettkäse oder eine Minutenterrine mit Kartoffelbrei-Speckgeschmack verputzten, schlürfte ich mein teures braunes Getränk. »Was trinkst du denn da?«, schmatzte meine Lieblingskollegin. »Ach, das ist nur Kakao!«, antwortete ich verlegen. Zugegeben, ich hätte auch ehrlich sein kön-

nen. Aber ich hatte schon oft genug von meinen Abnehmvorhaben erzählt, und nie hatte ich es geschafft. Auf Dauer ist das peinlich. Doch auch Slimfast verhalf mir nicht zum Abnehmruhm. Weil man mit der Methode keine schnellen Erfolge erzielt und sie auf Dauer auch nicht praktikabel ist, gab ich auf. Ich konnte schließlich nicht jeden Tag vorgeben, in der Mittagspause nur Kakao zu trinken.

Von Stefani Müller, Anti-Diät-Club-Mitglied. Noch heute läuft ihr ein kalter Schauer über den Rücken, wenn sie an den pelzigen Geschmack der Appetitzügler-Tabletten denkt.

Wat soll dä Käu? Pulver, Pillen und Crash-Diäten haben Sie also erfolgreich aus Ihrem Leben verbannt. Ich habe eine gute Idee, womit Sie diese vermeintlichen Abnehmhelfer optimal ersetzen können. Und zwar mit Entspannung. Denn wer gestresst ist oder sich gestresst fühlt, der isst automatisch ungesünder und mehr.

Entspannung ist ein Bereich, der in unserem hektischen modernen Leben für viele keine oder kaum Bedeutung hat. Was zählt, ist die Leistung, im Beruf sowieso, doch auch die Anforderungen von Familie und Alltag zehren mitunter an den Nerven. Das alles können wir kaum ändern, wohl aber unseren Umgang mit Stress. Wir müssen nicht zum Yogi in der Meditationshöhle mutieren, viel wichtiger ist, dass wir für uns selbst anerkennen, dass Entspannung nichts Nebensächliches, sondern enorm wichtig für unser Wohlbefinden ist. Das Entstressen tut nicht nur unserer inneren Balance, sondern auch gleichzeitig unserer Figur gut. Sich Zeit nehmen für sich selbst, einfach mal nichts tun, ein gutes Buch lesen oder in der Badewanne abtauchen – all das sind Möglichkeiten, sich selbst zu zeigen, dass Sie sich etwas wert sind.

Gegen Stress hilft keine Pille, sondern Entspannung. Dabei muss jeder seinen eigenen Weg finden. Dem einen bringt sportliches Auspowern am meisten, dem anderen Yoga. Sicher ist, dass es für jeden eine passende Methode gibt. Sie selbst wissen am besten, wobei Sie Ruhe und Genugtuung finden, einmal im Jahr mag das das Wellness-Wochenende in der Eifel sein, einmal im Monat der Stammtisch mit den Freundinnen und zweimal in der Woche vielleicht der gemütliche Fernsehabend auf der Couch. Manchmal tut es einfach gut, sich berieseln zu lassen. Oft bringt es für das eigene Wohlbefinden aber viel mehr, aktiv zu werden und an die frische Luft zu gehen. Gerade Bewegung hat eine entspannende Funktion, sie baut Stress ab und hilft Ihnen, sich in Ihrem Körper wohler zu fühlen. Das wissen Sie, Sie müssen es nur umsetzen. Immer und immer wieder.

»Zweimal pro Woche mache ich Sport: Gymnastik unter physiotherapeutischer Anleitung. Das tut mir und meinem Körper sehr gut. Außerdem gehen meine Frau und ich regelmäßig wandern, nicht nur im Frühling und Herbst, sondern das ganze Jahr über.«

Michael Kress,
Anti-Diät-Club-Mitglied

Auch ganz ungewöhnliche Aktivitäten können entspannend wirken. Warum nicht mal einen Malkurs besuchen, endlich anfangen, Spanisch zu lernen, oder das alte Aquarium wieder startklar machen? Wer sich ganz und gar in eine Sache vertieft, erlebt den Flow – einen tiefen Glücksmoment. Dieses Phänomen hat der amerikanische Professor mit dem schönen Namen Mihály Csíkszentmihályi ausreichend erforscht. Und es stimmt – ein Hobby kann glücklich machen. Beim Aufbau der Eisenbahn vergisst man die Sorgen aus dem Büro oder den Berg Bügelwäsche, der im Keller wartet. Und genau das ist entspannend. Der Alltagsfrust verschwindet und mit ihm vielleicht sogar das ein oder andere Kilo. Wer glücklich und ausgeglichen ist, wird selten Heißhungerattacken erleben.

Wenn Sie es selbst nicht schaffen, mehr Entspannung in Ihr Leben zu bringen, weil die Umstände bei Ihnen zurzeit besonders fordernd und hektisch sind, lassen Sie sich am besten von einem Profi helfen. Belegen Sie einen Kurs, und lernen Sie eine professionelle Entspannungstechnik, wenn Sie alleine nicht zur Ruhe kommen. Entspannung lässt sich trainieren. Egal ob Feldenkrais, Meditation, Progressive Muskelentspannung oder die Alexandertechnik: In jeder Stadt gibt es Kurse, zum Beispiel an Volkshochschulen oder bei privaten Trägern. Diese Zeit und dieses Geld sind wirklich gut investiert. Probieren Sie aus, welche Technik Ihnen am besten zusagt. Anleitungen gibt es natürlich auch kostengünstig auf CDs und DVDs.

Ebenfalls prima zum Entspannen: Garten- oder Balkonarbeit. Auch hier kann man sich voll und ganz einer Sache widmen und über der Tätigkeit die Zeit vergessen. Es macht glücklich zu sehen, wie das wächst, was man vor ein paar Monaten noch selbst ausgesät hat, wie sich die Blumen und Pflanzen unter guter Pflege entwickeln. Die Natur ist sowieso der perfekte Ort für Entspannung. Ein flotter Spaziergang am Abend über die Felder oder schnell rund um den See kann die seelischen Akkus wieder aufladen. Manchmal hilft es auch, einfach nur auf einer Bank zu sitzen und einen Baum oder den Himmel zu betrachten. Das mag banal klingen, aber gerade unspektakuläre und ruhige Momente können viel Kraft geben. Die kleinen, schönen Dinge im Alltag zu entdecken und zu genießen, macht langfristig glücklicher als das Idealgewicht auf der Waage.

Etwas das nichts kostet und auch entspannt: sich mit Kindern beschäftigen. Wer mit Kindern spielt, erzielt gleichzeitig doppelte Freude. Omas und Opas wissen das: Die Kleinen genießen die Aufmerksamkeit, und man selbst vergisst den Alltagsstress. Kleine Kinder entführen einen in eine andere Welt. Wer sich auf sie einlässt und wirklich mal wieder spielt, wird das mit Sicherheit als entspannend empfinden. Das gilt übrigens auch für die Beschäftigung mit Tieren.

Spielen ist sowieso etwas Tolles. Warum nicht abends anstatt den »Tatort« zu schauen eine Runde Monopoly zocken? Oder Canasta oder Siedler von Catan? All das macht Spaß, stärkt den Gemeinschaftssinn und lenkt von trübsinnigen Gedanken ab. Vom Essen übrigens auch.

Entspannung ist ein Genussgefühl
Interview mit Tara Winck

Die Entspannungspädagogin und Heilpraktikerin hat einen Anti-Diät-Club-Abend gestaltet zum Thema »Entspannungstechniken zum Ausprobieren« www.praxis-winck.de

Warum fällt vielen von uns Entspannung im Alltag so schwer?
Menschen, die wirklich Entspannung bräuchten, schieben dieses Bedürfnis zur Seite, weil sie sich – oft mühsam – ein Leben aufgebaut haben, in dem es vor allem um Leistung und Erfolg geht. In unserer Gesellschaft zählt Entspannung nicht als Leistung, im Gegenteil, Entspannung scheint nur etwas für »Weicheier« zu sein. Dieses Leistungsdenken beginnt schon in unserer Kindheit, denn Eltern belohnen gute Noten mit

Liebe und Stolz. In den Schulen sind die Leistungsmerkmale klar definiert – still sein, gute Noten, Gefühle unter Kontrolle bringen, nicht anders sein als andere. Kinder versuchen, es der Erwachsenenebene recht zu machen, und vergessen darüber, wer und wie sie wirklich sind. Als Erwachsene halten sie dann das Erlernte, die Fassade für ihre Persönlichkeit. Doch in einem entspannten Zustand lässt sich eine Fassade nicht so leicht aufrechterhalten. Völlig ungeplant tauchen dann manchmal Gefühle auf, denn Entspannung lässt unsere Kontrollmechanismen versagen – und das macht uns Angst.

Welche Entspannungstechnik ist für welchen Typ Mensch die richtige? Grundsätzlich gibt es drei verschiedene Angebote: Power-Entspannung, Ruhe-Entspannung und das Entspanntwerden. Power-Entspannung bezeichnet alles, was mit Bewegung einhergeht. Viele Menschen sind nicht mehr in der Lage, sich einfach nur der Ruhe hinzugeben. Für diese wären regelmäßige Spaziergänge oder sanfte Bewegungsformen ideal, wie etwa die Progressive Muskelentspannung oder Yoga-Formen, die über die Bewegung zur Ruhe führen. Das Wort »Power« soll in diesem Fall nicht verwechselt werden mit neuen Höchstleistungen. Mit Ruhe-Entspannung sind alle Techniken gemeint, die über mentale Wege zur Entspannung führen. Wie etwa beim autogenen Training: Der Übende sitzt bequem und ruhig und stellt sich Entspannung vor. So fordert er seinen Körper auf, dieses Gefühl dann auch tatsächlich in sich zu finden. Beim Entspanntwerden sind externe Faktoren beteiligt. Gemeint sind keine Beruhigungstabletten, sondern etwa eine Massage in schöner Atmosphäre oder das Sich-in-entspannte-Situationen-Bringen, zum Beispiel durch Oper, Ballet, Kino oder Fernsehen. Dabei sollten Formen ohne Berieselungsfaktor bevorzugt werden.

Warum ist Entspannung überhaupt so wichtig? Entspannung ist unser natürliches Gefühl, wir brauchen es, um gesund zu bleiben. Entspannung ist für uns überlebenswichtig – daher gibt es den Schlaf, er ist die höchste Form der Entspannung.

Was ist der größte Entspannungskiller? Unsere negative Gedankenwelt, die immer wieder in der Lage ist, uns aus dem lebbaren Moment, aus dem Hier und Jetzt herauszuholen und uns in die Vergangenheit oder Zukunft zu führen. Jemand, der sich Sorgen um etwas macht, kann sich nicht gleichzeitig entspannen. Viele kennen die Stimme in unserem Kopf, die uns zum Beispiel sagt: »Hey, du musst mal was tun, sonst wirst du immer dicker, und dein Leben ist doch sowieso total langweilig.« Also gut, wir beginnen einen Sportkurs und sind hoch motiviert. Dann kommt die gleiche Stimme und sagt: »Ach na komm, heute mal nicht, ich mach das lieber, wenn der Winter vorbei ist, im Winter ist es abends schon dunkel, das ist blöd.« Und wenn wir den Kurs dann haben verstreichen lassen, was ist dann? Sind wir glücklich? Nein ... denn erneut taucht unsere Ego-Stimme auf, diese Gedankenratte, die uns nun einflüstert, was für ein Schlappi wir doch sind. Nichts halten wir durch. Und im Sommer machen wir es doch auch nicht. Da ist es dann zu warm und so weiter. Unser eigenes Denken ist der größte Entspannungskiller.

Wie kann ich lernen, Stressquellen in meinem Leben auszuschalten? Ich finde Lösungswege besser, die für etwas sind, nicht gegen etwas. Wer Stressquellen ausschalten will, sollte sich mit Entspannung beschäftigen. Wie wäre es zum Anfang mit ein paar gezielten Fragen an mich selbst? Was könnte mir Spaß machen? Was kann ich jetzt, in diesem Moment tun, um mich entspannter zu fühlen? Es ist wunderbar, was dann manchmal geschieht, wenn ich wirklich ein bisschen, ein kleines bisschen entspannt bin, beginnt es bereits – plötzlich ändert sich mein Blick auf die Welt. Plötzlich sehe ich Dinge, die mir vorher nicht aufgefallen sind, plötzlich spüre ich den Wind auf meiner Haut. Es setzt ein Genussgefühl ein, und so geht das immer weiter, weil sich der Wind so schön in meinen Haaren anfühlt, lächle ich vor mich hin. Und dieses Lächeln entspannt meine Gesichtsmuskeln und meinen Kiefermuskel, den stärksten Muskel in meinem Körper. So breitet sich die Entspannung über meine Nackenwirbel auf meinen ganzen Körper aus. Das fühlt sich einfach gut an, und in dieser Situation hat der Stress dann keine Chance mehr.

10: DRINKS DE EINE MET?

Trinkst du einen mit? Warum Trinken für das Abnehmen wichtig ist.

Ein gemütlicher Sommerabend auf der Terrasse. Die Luft ist lau, die Grillen zirpen, und die Flasche Rotwein steht auf dem Tisch. Schmeckt ja auch herrlich, so ein Glas von dem kräftigen Spanischen. Erst eins, dann zwei, dann zweieinhalb … und bald schon wird die nächste Flasche entkorkt. Irgendwann kommt dann der kleine Hunger dazu, die Erdnüsse aus dem Regal in der Speisekammer müssen her. Nach gefühlten sechs Minuten ist die Tüte leer. Macht aber nichts, denn die Stimmung wird immer besser, man fühlt sich beschwingt, fröhlich und leicht und sinkt – nachdem auch die dritte Flasche Wein leer ist – ins Bett und fällt in einen schweren tiefen Schlaf. Am nächsten Morgen dann der Schock auf der Waage: Ein ganzes Kilo mehr ist drauf. Von der Müdigkeit und den pochenden Schmerzen im Kopf ganz zu schweigen …

Jaja, so ist das eben. Alkohol gehört zu unserem Leben wie die Sauce Hollandaise zum frischen Spargel im Juni. »Drink doch ene mit, stell dich nit esu an.« Solange man es nicht übertreibt, ist das Bier am Abend oder das Glas Sekt beim Geburtstagsbrunch ja auch nicht weiter schlimm. Nur beim Abnehmen wirkt Alkohol – getrunken in rauen Mengen – wie der Super-GAU schlechthin.

Wieso? Alkoholische Getränke sind flüssige Kalorienbomben. In einem Gramm Alkohol stecken sieben Kalorien, vom Energiegehalt sind Schnaps und Co also fast gleichbedeutend mit Fett, das pro Gramm auf stolze neun Kalorien kommt. Eine Flasche Rotwein bringt es auf üppige 700 Kalorien, eine

0,5 Liter-Flasche Bier auf etwa 240 Kalorien. Das vergisst man leicht – schließlich stehen die Nährwertangaben, anders als bei inzwischen fast allen anderen Lebensmitteln, nicht auf den braunen und grünen Flaschen.

Machen Sie sich das trotzdem bewusst. Denn Alkohol hat noch einen weiteren Nachteil: Er stoppt die Fettverbrennung. Wird Hochprozentiges konsumiert, beginnt der Körper sofort mit dessen Abbau und Verarbeitung. Der Alkohol wird rasch in Energie umgewandelt, das bedeutet, die Verbrennung und Verarbeitung der Nahrung muss warten – und wandert so nicht selten direkt in die Fettzellen.

Und noch etwas bringt der Alkoholkonsum mit sich: Hunger oder besser gesagt, starken Appetit. Wir alle kennen es, beim Biertrinken bekommen wir Lust auf Knabberzeug, und auch zum Glas Weißwein passen leckere Lachshäppchen wunderbar. Der Bierbauch rührt also nicht allein vom Gerstensaftkonsum her, sondern auch von den ganzen Nebeneffekten, die der Alkohol so mit sich bringt. Und eventuell auch vom Hopfen – denn diesem wird nachgesagt, Substanzen mit östrogener Wirkung zu enthalten, die einen Bauch- und Brustansatz fördern können.

Sollte man die nette Frage »Drinks de eine met?« beim Abnehmen also besser höflich verneinen? Nein, muss man nicht. Es wäre ja auch schade drum. Machen Sie sich einfach bewusst, dass es auch beim Alkohol auf die Menge ankommt. Seien wir doch mal ehrlich. Das erste Glas – ob Kölsch oder Rioja – schmeckt sowieso am besten. Warum es nicht einfach dabei belassen? Bestellen Sie sich Ihr Getränk, und trinken Sie es in kleinen Schlucken. Trinken Sie langsam und bedächtig, stellen Sie nach jedem Schluck das Glas ab. Nur so funktioniert Genuss. Die anderen am Tisch mögen schneller trinken – Sie nicht.

Wasser mindert die Nebenwirkungen

Es gibt Abende, da bleibt es nicht bei einem einzigen Drink, schon klar. Bestellen Sie dann nach – oder besser noch zu – jedem Glas Alkohol ein Glas Wasser. So sparen Sie Kalorien und laufen nicht Gefahr, am nächsten Tag unter Kopfschmerzen zu leiden. Wer seinen Wein- oder Bierkonsum mit Wasser streckt, kann das Genusserlebnis prima verlängern. Außerdem: Das Wasser sorgt dafür, dass Sie nicht dehydrieren und am nächsten Morgen ohne Kater aufwachen.

Ob man will oder nicht: Auf Partys gehört Alkohol oft einfach dazu, und immer wieder dankend abzulehnen, macht keinen Spaß. Gewöhnen Sie sich lieber daran, immer noch einen kleinen Rest im Glas zu lassen – so wird Sie niemand zum Auffüllen zwingen können. Und wenn Sie gerade an Ihrem Glas Wasser nippen, ignorieren Sie die abfälligen Sprüche der anderen. Sie werden morgen keinen dicken Kopf haben – die Bier- und Rotweinfans dagegen bestimmt.

Gerade in der Anfangsphase des Abnehmens sollte möglichst ganz auf Alkohol verzichtet werden. Später halten Sie einfach Maß. Und wenn Sie an einem Abend über die Stränge geschlagen haben, gleichen Sie das am nächsten Tag wieder aus. Schließlich kann man nicht immer eisern sein – und sollte es auch nicht. Genuss ist wichtig – auch beim Trinken.

Auch Anti-Diät-Club-Mitglied Ellen Stark hat das gelernt. Früher gehörte für die selbstständige Designerin Rotwein zum Abendprogramm dazu. Inzwischen hat sie sich umgewöhnt – auf Tee. Diesen füllt sie jetzt abends in ihr schönes Weinglas mit langem Stil und genießt. »Ist alles nur Kopfsache und Umgewöhnung«, sagt sie heute. Nur am Wochenende, da gönnt sie sich wieder ihren geliebten Rotwein.

Schorle schmeckt auch

Ob Weißbier, Grüner Veltliner oder Bacardi-Cola – solange die vielen Drinks nicht zum Tagesritual werden, sollte man sich sein Lieblingsgetränk zumindest ab und zu erlauben. Ich habe früher mit Vorliebe Radler getrunken. Lecker, diese süße Bier- und Limonadenmischung, aber leider nicht besonders gut für die Figur. Seit ein paar Jahren bin ich auf Weißweinschorle umgestiegen. Dieser Mix schmeckt viel prickelnder, nicht mehr so pappig süß, sondern fruchtig erfrischend. Für mich hat sich die Mischung aus einem Drittel Wein und zwei Dritteln Mineralwasser bewährt – variabel je nachdem, wie süß oder herb der Wein ist. So kann ich mehrere Gläser trinken, bis ich auf eine ganze Weißweinglas-Ration komme, und das Wasser bewahrt mich vor den lästigen Kopfschmerzen am nächsten Tag. Mit der Schorle wird auch die Kalorienzufuhr im Zaum gehalten. Übrigens: Bier mit Wasser gemischt schmeckt auch gar nicht so schlecht. In Österreich sagt man »Saurer Radler« dazu. Im Sommer wirkt das sogar ziemlich erfrischend. Probieren Sie es aus!

Wasser ist wichtig

Wo wir gerade beim Stichwort Wasser sind – dass Sie beim Abnehmen, und nicht nur dann, viel trinken müssen, ist Ihnen klar, oder? Wasser ist ein Lösungs- und Transportmittel, der Stoffwechsel braucht die Flüssigkeit, um Giftstoffe aus dem Körper hinauszutransportieren. Wer viel Wasser trinkt, bekommt ein rosige Haut, die Falten vermindern sich, und die Verdauung klappt besser. Außerdem: Wasser ist ein prima Appetitzügler. Gewöhnen Sie sich an, direkt nach dem Aufstehen und vor jeder Mahlzeit ein großes Glas Wasser zu trinken. So wird der Magen schon vor der eigentlichen Nahrungsaufnahme gefüllt, und Sie essen automatisch weniger. Ein guter Indikator ist übrigens die Farbe Ihres Urins. Wenn Sie ausreichend trinken, ist dieser in der Regel klar, nur nach dem Aufstehen darf er dunkler sein. Sie hätten es gerne ein bisschen konkreter? Na gut, bitte sehr. Anti-Diät-Club-Abend-Referent Ingo Froböse rät konkret zu 30 Millilitern Wasser pro Kilo Körpergewicht am Tag. Wenn Sie 70 Kilo wiegen, sollten Sie also mindestens 2,1 Liter täglich trinken. Wer abnehmen will, kann sich an den generellen Richtwert von 2,5 Liter pro Tag halten. Wem diese Angabe als wahnsinnig viel erscheint, sollte sich langsam an die neue Trinkmenge gewöhnen. Jede Woche ein Glas mehr, so steigern Sie Ihr Wasserpensum Schritt für Schritt. Wichtig: die Wasserflasche immer in Sichtweite stellen, egal, ob Sie im Büro sitzen oder auf Ihrer Couch im Wohnzimmer. Die Dinge, die man sieht, rücken ins Bewusstsein. Setzen Sie sich realistische Trinkziele. Zwischen dem Morgen und dem frühen Nachmittag drei große Gläser Wasser – das ist zu schaffen. Aus großen Gläsern zu trinken ist sowieso ratsam, so müssen Sie weniger oft nachschenken und trinken automatisch mehr.

Beim Piepton: trinken!

Wer das Trinken immer wieder vergisst, braucht ein Hilfsmittel. Eine nette Spielerei sind Trinkpiepser, erhältlich bei Ihrer Krankenkasse oder im Fachhandel für wenige Euro. Das kleine Gerät legen Sie auf Ihren Schreibtisch oder befestigen es an Ihrem Gürtel, und in regelmäßigen Abständen – etwa alle 10 bis 15 Minuten – gibt es einen Piepton ab, bei dem sie einen kräftigen Schluck aus der Wasserflasche nehmen sollten. Gesehen habe ich den Piepser zum ersten Mal bei meiner früheren Kollegin Mona. Wir saßen zusammen im Großraumbüro, und ich fragte mich, was da immer so ein merkwürdiges Geräusch machte neben ihr – bis sie mich aufklärte. Mona hielt sich wirklich strikt an die Anweisung ihres Piepsers, bei jedem neuen Ton griff sie brav zu ihrem Wasserglas.

Der Körper freut sich über regelmäßiges Trinken, optimal wäre eine Flüssigkeitszufuhr von rund 200 bis 250 Millilitern pro Stunde. Jedenfalls sollten die zwei Liter gut über den Tag verteilt werden, es macht keinen Sinn, morgens und abends eine ganze Flasche hinunterzustürzen.

Sprudelig oder still?

Beim Thema Trinken wird immer wieder die gleiche Frage gestellt: »Soll ich Wasser mit oder ohne Kohlensäure trinken?« Viele Experten raten zu stillem Wasser, da es bekömmlicher sei und die Kohlensäure nicht noch zusätzlich vom Körper abgebaut werden müsse. Ich sage: Trinken Sie das Wasser, das Ihnen am besten schmeckt. Die Hauptsache ist, sie trinken überhaupt ausreichend Wasser. Wenn sich Leitungswasser in Ihrem Mund so anfühlt wie eingeschlafene Füße, lassen Sie es. Wenn Ihnen Mineralwasser zu prickelig ist, greifen Sie lieber zu der stillen Variante. Probieren Sie beide Sorten aus, und entscheiden Sie je nach Gusto. Leitungswasser ist billiger und umweltschonender – allerdings auch nur wirklich empfehlenswert, wenn es nicht aus alten Bleirohren kommt. Generell gilt deutsches Leitungswasser aber als unbedenklich. Ich bevorzuge den Mix: Im Büro fülle ich meine Trinkflasche mit Wasser aus dem Hahn, abends zu Hause trinke ich Sprudelwasser.

Wasserhaltige Lebensmittel

Wasser kann man übrigens nicht nur trinken, sondern auch essen. Wassermelone – der Name verrät es ja bereits. Die runden Früchte haben so gut wie keine Kalorien und schmecken an heißen Tagen sehr erfrischend. Salatgurken bestehen ebenfalls aus Wasser in fester Form. Anti-Diät-Club-Pate Dr. Erich Haug hat sich angewöhnt, regelmäßig eine ganze Schlangengurke pur zu verspeisen. Wegen des hohen Wasseranteils. Na ja, ein leckerer Gurkensalat tut es ja vielleicht auch.

Gewöhnen Sie sich an, überall wo Sie hingehen, eine kleine Wasserflasche mitzunehmen. So kann der Durst Sie nicht überraschen. Trinken Sie regelmäßig, denn wenn Sie Durst verspüren, ist das bereits ein Anzeichen von leichter Dehydration, auch Austrocknung genannt. Meine Familie hat mich früher oft belächelt, weil ich in jeder meiner Handtaschen eine Wasserflasche verstaut habe, aber es hilft wirklich. Gewöhnen Sie sich das Wassertrinken einfach an, es ist leichter, als Sie denken.

Limonaden sind Süßigkeiten

Was Sie sich dagegen abgewöhnen sollten, ist der Konsum von Limonade, Cola, Fertig-Eistee und anderen zuckerhaltigen Getränken. Sie haben schlichtweg zu viele Kalorien und sind eher als Süßigkeiten und nicht als Getränke zu betrachten. In einem Liter Cola stecken rund 35 Zuckerwürfel und ein kleines Glas Pfirsich-Eistee mit 200 Millilitern bringt es auf stolze 270 Kalorien. Auch mit den Light- oder Zeroversionen der Getränke sollten Sie es nicht übertreiben, denn aus den bereits beschriebenen Gründen ist auch Süßstoff nicht uneingeschränkt empfehlenswert.

Vorsicht bei Saft! Greifen Sie am besten zu hundertprozentigen Fruchtsäften ohne Zuckerzusatz. Süß sind diese Säfte sowieso, schließlich enthalten sie Fruchtzucker. Dieser wird als Dickmacher oft unterschätzt, doch er enthält genauso viele Kalorien wie herkömmlicher Zucker und gerade in Trauben- oder Apfelsaft steckt äußerst viel Fruchtzucker. Fruchtsaftgetränke und Fruchtnektare lassen Sie am besten im Regal stehen, beides sind absolute Zuckerfallen.

Besser sind Saftschorlen. Wenn Sie den Saft-Wasser-Mix mögen, dann mischen Sie am besten selbst. Und zwar nach dem Mischverhältnis 3:1, viel Wasser, wenig Saft. Finger weg von fertig gemixten Schorlen aus dem Handel – diese sind genau wie alkoholische Getränke flüssige Kalorienbomben und meist viel zu süß. Halten Sie sich lieber an Wasser. Wem der Geschmack allein zu fade ist, kann einen Spritzer frischen Zitronensaft dazugeben oder auch gerne einen Spritzer Apfelsaft. Einige schwören auch auf Ingwerscheiben oder Apfelessig als Geschmacksträger. Inzwischen gibt es im Handel schon viele Wassersorten mit Apfel- oder Zitronengeschmack. Doch Vorsicht: Die Geschmackswässer haben es in sich! Die durchsichtigen Getränke wirken harmlos, sind aber in Wahrheit kleine Kalorienbomben. Von daher bitte nur ab und zu trinken. Zudem sind diese Wasservarianten auch nicht gerade billig.

Dennoch ist es gut, Abwechslung in die eigene Getränkeauswahl zu bringen. Schließlich essen wir auch nicht täglich dasselbe. Wasser ist und bleibt das Getränk Nummer eins, doch Alternativen können helfen, Geschmackslangeweile vorzubeugen und sich ein richtiges Trinkverhalten anzugewöhnen.

Tee etwa ist eine gute Alternative. Grüner Tee oder Kräutertee ist beim Abnehmen besonders empfehlenswert. Machen Sie sich im Sommer Ihren Eistee einfach selbst, mit keinem oder nur wenig Zucker und vielen Eiswürfeln.

Über den Kaffee gehen die Meinungen auseinander. Neuste Studien besagen, dass er dem Körper – entgegen früherer Behauptungen – kein Wasser entzieht. Angeblich regt das braune Heißgetränk lediglich die Nieren an, die Trinkmenge schneller wieder auszuscheiden, und passionierte Kaffeetrinker sind an diesen Effekt gewöhnt. Wer täglich Kaffee trinkt, wird dieses Ritual sowieso schwerlich aufgeben können. Mehr als vier bis fünf kleine Tassen pro Tag sollten es allerdings nicht sein.

Wer Kalorien sparen will, sollte die Hände vom Milchschaum-Traum Latte macchiato lassen. Ein Glas hat rund 380 Kalorien. Ein doppelter Espresso mit zwei Stück Zucker kommt dagegen nur auf 40, eine Tasse Cappuccino mit Milch und ohne Sahne bringt es ebenfalls nur auf 40 Kalorien. Gewöhnen Sie sich einfach um, geschmacklich ähneln sich der Cappuccino und der Macchiato ja ohnehin. Ausschlaggebend für die vielen Kalorien bei Letzterem ist der große Milchanteil. Betrachten Sie Milch nicht als Getränk, aus ernährungswissenschaftlicher Perspektive gilt Milch als festes Nahrungsmittel. Wer abnehmen will, sollte zu der Variante mit 1,5 Prozent Fett greifen.

Das Auge trinkt mit

Warum schmeckt uns der Caffè Latte überhaupt so gut? Und warum empfinden manche von uns das Weintrinken als besonders stilvoll? Sie ahnen es, beim Trinkgenuss kommt es nicht nur auf den Geschmack, sondern auch auf das Gefäß an. Aus einem schönen Glas mit langem Stil schmeckt das Getränk eben noch einmal so gut. Machen Sie es wie Frau Stark: Wenn Sie abends mal wieder die Lust auf ein Glas Rotwein packt, Ihr Kalorienkonto aber eigentlich schon gut gefüllt ist, überlisten Sie sich selbst. Gönnen Sie sich den Luxus, und füllen Sie Ihren Kräutertee oder den Wasser-Apfelsaft-Mix in Ihr Lieblingsweinglas. Am besten in ein großes Bordeaux-Glas, dann trinken Sie nämlich automatisch mehr. Manchmal kommt es eben doch auf die Verpackung an.

- Alkohol ist ein Genussmittel. Versuchen Sie, es so oft wie möglich bei einem Glas zu belassen.
- Wenn schon Alkohol, dann trinken Sie so oft wie möglich Schorlen. Das idealste Getränk ist Wasser, schließlich besteht unser Körper zu knapp 70 Prozent daraus.
- Vorsicht bei Fruchtsäften, fertig gemixten Schorlen und Eistee im Tetrapack. Hier herrscht Kalorienbombenalarm!
- Trinken Sie zu Hause aus schönen Gläsern – auch wenn es nur Wasser ist.

Adipöses Anekdötchen: Erst zum Sport, dann an die Bar
Meinem erinnerungswürdigsten Trinkerlebnis geht tatsächlich ein Sporterlebnis voraus: Mit meiner besten Freundin und Leidensgenossin Vreni machte ich mich früher regelmäßig auf in den Kölner Königsforst mit den zwei Stöcken, die mein Leben verändern sollten, zumindest kurzfristig. Nordic Walking, das war unser neuer Sport! Wir walkten durch die Natur und sangen dabei unser selbst gedichtetes Lied auf die Melodie von »Hänsel und Gretel«: »Wabbel und Schwabbel walken durch den Wald, se trecken sich en Jack an, denn et is so bitter kalt ...« Mindestens einmal in der Woche ging es für eine Stunde los. Wir hatten uns ex-

tra Stöcke und spezielle Walking-Schuhe gekauft und sangen unterwegs fröhlich unsere Wabbel- und Schwabbel-Hymne. Am Anfang schämten wir uns, mit den Stöcken zu walken, aber offenbar wurde der Sport mit der Zeit immer beliebter, und wir sahen immer mehr Menschen »Stöckchen rennen«. Wir kamen uns vor wie zwei Michelin-Männchen und trauten uns aus Scham erst nicht, die anderen Jogger und Walker zu grüßen. Aber wir wurden immer besser. Es dauerte ein paar Wochen, dann wurden unsere Runden immer größer, wir wurden schneller und fühlten uns einfach toll nach dem Sport! Ich nahm sogar ab! Zwar zunächst nicht viel, weil ich mein Essverhalten nicht änderte. Schließlich hat man nach dem Sport Hunger. Jedoch hatte ich irgendwann das Gefühl, ich könnte jetzt wieder einmal versuchen, meine alte zu eng gewordene schwarze Hose anzuziehen. Vor einigen Kilos war das meine Lieblingshose gewesen. Doch irgendwann ging der Knopf nicht mehr zu. Natürlich war ich nicht in der Lage, Klamotten, aus denen ich »herausgewachsen« war, wegzugeben. »Irgendwann passen die mir wieder!« war meine felsenfeste Überzeugung. Aber wie so oft im Leben kam es ganz anders. Es war Samstagabend, und ich war zu einem Mädelsabend in der Kölner Altstadt verabredet. Da war sie. Meine Lieblingshose, schwarzer, leicht glänzender Stoff, mit langem Schlitz hinten an der Wade, um schöne Strümpfe zu zeigen. Ich wagte den Versuch. Ich bewaffnete mich mit einem Mieder, ein Accessoire, das übrigens oft unentbehrlich für mich ist. Zugegeben, ich musste mich auch noch auf mein Bett legen und die Luft anhalten, damit der Knopf ins Loch ging, aber irgendwann war er drin! Das Atmen fiel schwer, aber egal. Der Abend hatte gerade begonnen, wir hatten soeben an der Bar im Irish Pub Kölsch-Cola (na-

türlich mit Cola light) bestellt, als ich mich auf den Barhocker setzte und gerade mit meiner Freundin anstoßen wollte, als das Schreckliche passierte: Mit einem lauten Ratsch platzte die Hose – die Nähte an Beinen und Hintern kapitulierten und sprangen auf ... Wie peinlich! Hektisch drehte ich mich um, um zu sehen, ob jemand von den anderen Bargästen Zeuge meines Malheurs geworden war. Offenbar hatte aber niemand etwas bemerkt, nur meine Freundin fing natürlich laut an zu lachen. Mir blieb nichts anderes übrig, als mir mit möglichst unauffällig-eleganten Handgriffen meine Jeansjacke um die Hüften zu binden und für den Rest des Abends auf dem Barhocker sitzen zu bleiben. Ich lächelte in die Runde, nippte an meinem Kölsch-Mix und tat so, als sei alles in bester Ordnung. An Tanzen war nun leider nicht mehr zu denken. Wir machten trotzdem das Beste aus dem Abend und hielten uns strikt an den zehnten Artikel des »Kölschen Grundgesetzes« – »Drinks de eine met?« So wurde der Mädelsabend dann doch noch ziemlich lustig.

Stefani Müller, Anti-Diät-Club-Mitglied. Sie ist sich inzwischen bewusst, dass Trinken – vor allem in engen schwarzen Hosen – schwerwiegende Folgen haben kann.

11: DO LAACHS DE DICH KAPODD

Da lachst du dich kaputt. Mit Humor fällt das Abnehmen leichter.

Glauben Sie auch, dass Kalorien in Wirklichkeit kleine Tierchen sind, die nachts im Schrank die Kleidung enger nähen? Eines sollten Sie sich von den Kölnern inzwischen abgeguckt haben: und zwar die Gabe, hin und wieder über sich selbst lachen zu können und sich – trotz des vielleicht einen oder anderen Pfundes zu viel – nicht immer ganz so ernst zu nehmen. Schönes Beispiel: Ein Abend beim Kölner Mundart-Theater Spielkreis Fritz Monreal e.V. im Brunosaal in Köln-Klettenberg. Das Licht geht aus, ein Mann betritt mit seinem Akkordeon den voll besetzten Saal und stimmt einen kölschen Evergreen an. »Och wat wor dat fröher schön doch en Colonia« von Willi Ostermann. Das Publikum singt lauthals mit, schunkelt, freut sich des Lebens. Schließlich ist es Winter und somit Karnevalszeit in Köln. Theatervorführung? Bis jetzt davon noch keine Spur. Erst nach einer guten Viertelstunde und sieben weiteren Karnevalsklassikern verlässt der Akkordeonspieler unter großem Applaus die Bühne, nun kann das Stück beginnen. Das ist Köln. Do laachs de dich kapodd.

Vergnügen und »Spass an dr Freud«, und mögen es auch nur ein paar selbst gesungene Lieder im Mundart-Theater sein, können das Leben beschwingter und buchstäblich leichter machen. Auch beim Abnehmen. Es hilft, die eigenen Figurprobleme hin und wieder mit einem Augenzwinkern zu betrachten. Denn wer sich gedanklich ein Stück weit lösen kann von dem Rettungsring am Bauch und dem störenden Nackenspeck, wer sich selbst und seinen Körper gelassener betrachtet, erleichtert sich das Leben enorm. Natürlich ärgert man sich über die paar Kilos zu viel. Doch wer in Gedanken immer nur um die eigenen Schwächen kreist, ändert nichts an ihnen. Wer wirklich etwas bewegen will, muss aktiv werden. Und das kann klappen. Die Lebensumstellung hat nämlich einen verstärkenden Effekt: Wer anfängt, sich bewusster und gesünder zu ernähren, bekommt mit der Zeit auch Lust auf mehr Gemüse und Obst. Und wer mit regelmäßigem Walking beginnt, kann bald gar nicht mehr ohne. Das Ganze ist ein Kreislauf: Wer viel Sport macht, bekommt noch mehr Lust auf Sport. Wer gut isst, mag bald keine minderwertigen Lebensmittel mehr.

Klar ist aber auch: Es gibt keinen Königsweg, keine einzig wahre »richtige« Ernährung. Sie müssen Ihren persönlichen Weg finden, um die Pfunde zum Schmelzen zu bringen. Für den einen mag Trennkost im Alltag hilfreich sein, dem anderen hilft am besten die »Fünf-am-Tag«-Regel oder eine dauerhaft fettreduzierte Kost. Abnehmen ist ein individueller Prozess – ein Patentrezept anzubieten wäre unseriös. Sie müssen herausfinden, welcher Weg der Ihre ist, und das geht nur durch Ausprobieren.

Aber, ganz wichtig: Das Zauberwort heißt langfristig. Sie müssen sich wirklich für den Rest Ihres Lebens an die neuen Regeln halten. Dafür dürfen Sie aber auch alle Diätpläne, Küchenwaagen und Wunderpillen in die Mülltonne werfen. Am besten mit einem zufriedenen Lächeln.

»Irgendwann muss es im Kopf klick machen – denn wenn das noch nicht passiert ist, ist man auch noch nicht bereit, sich mit dem Abnehmen auseinanderzusetzen. Man muss sich darüber im Klaren sein, dass es um eine lebenslange Umstellung der Essgewohnheiten geht und nicht um eine kurzfris-

tige Diät. Und es ist wichtig, sich mit der Zusammensetzung der Lebensmittel, die man zu sich nimmt, intensiv auseinanderzusetzen.«

Susan Jäkel, Anti-Diät-Club-Mitglied

Lassen Sie sich beim Essen nicht mehr stressen. Sicher, viele von uns wollen drei, fünf oder vielleicht sogar 15 Kilo verlieren, und das sind bewundernswerte Ziele. Dennoch klappt die Umsetzung auf die entspannte Art am besten. Ganz wichtig: Nehmen Sie sich Zeit. Die Zeiten von »acht Pfund in drei Tagen« sind passé, diese Selbstkasteiungstorturen haben Sie nicht mehr nötig. Sie nehmen langsam und mit Genuss ab, keinesfalls mehr als 500 Gramm pro Woche. Auf Ihre Waage stellen Sie sich höchstens noch einmal in der Woche – frustrieren lassen Sie sich von ihr nicht mehr. Sie merken sowieso am Sitz Ihrer Kleidung und an den Komplimenten Ihrer Bekannten, dass Sie auf dem richtigen Weg sind.

Machen Sie es doch so wie meine bayrische Schwiegermutter Rosemarie. Sie ist 55 Jahre alt und hat mit ihren 57 Kilo immer noch eine Figur wie eine Achtzehnjährige. Jeden Tag kocht sie deftige bayrische Gerichte, mit viel Fleisch, Knödeln und Spätzle. Sie selbst schafft es aber, Maß zu halten – sie isst alles, aber von jeder Mahlzeit nur einen kleinen Teller. Sie hört auf, wenn sie satt ist, weil sie weiß, dass es ja bald wieder etwas gibt, denn sie isst absolut regelmäßig ihre drei festen Mahlzeiten pro Tag und wird sogar ein bisschen ungeduldig, wenn sie mittags unterwegs ist und mal nicht zu ihrer gewohnten Zeit zum Essen kommt. Sie legt viel Wert auf hochwertige Lebensmittel, auf gutes Fleisch und Bio-Obst und -Gemüse. Und obwohl sie Pralinen liebt und Mutter von vier Kindern ist, hält sie ihr Idealgewicht problemlos – denn dreimal pro Tag geht sie mit Golden Retriever Ricky in den Wald. Sobald Sie merkt, dass die Hose doch einmal ein wenig spannt, nach Weihnachten oder nach dem Urlaub zum Beispiel, steuert sie gegen und achtet ein paar Tage lang noch bewusster auf ihre Ernährung. Nach kurzer Zeit sind die Extrapfunde dann wieder weg.

Maßvolles Essen und viel Bewegung, das sind die besten Strategien gegen störende Fettpolster. Sport macht zwar nicht sofort schlank, aber er hilft definitiv dabei, Stress abzubauen und Stressessen zu verhindern. Regelmäßige Bewegung gibt Energie und Kraft. Wer sich am Sonntagnachmittag zu einer Joggingrunde aufrafft, hat danach auch wieder mehr Energie für andere Dinge.

Regelmäßig Sport treiben ist beim Abnehmen genau so wichtig wie regelmäßiges Essen. Probieren Sie für ein paar Tage, mit jeweils nur drei festen Mahlzeiten auszukommen. Wenn Sie sich satt essen, brauchen Sie wahrscheinlich keine Snacks zwischendurch, und Sie werden merken, wie Sie sich auf die einzelnen Gerichte plötzlich viel mehr freuen. Abnehmen mit einem Lächeln und ohne schlechte Laune, das ist ab sofort Ihre Devise. Und das klappt auch, nämlich dann, wenn Ihr Magen gut gefüllt ist. Hunger darf und muss nie sein. Und trotzdem müssen Sie irgendwo ansetzen mit dem Reduzieren, mit der Veränderung. Essen Sie sich satt an Gemüse, Salat und Vollkornprodukten. Ab und zu ein Schokoriegel – das ist kein Problem mehr, wenn es denn bei dem einen pro Tag bleibt.

Adipöses Anekdötchen: Eingeklemmt im Wartezimmer
In manchen Situationen muss man über sich selbst lachen. Auch wenn es im ersten Moment schwerfällt. Ich nenne diese Episode gerne »Großer Hintern, kleiner Stuhl«. Bei meinem Zahnarzt im Wartezimmer las ich nichts Böses ahnend die obligatorische Zeitschrift mit Berichten aus der Welt der Promis, während ich darauf wartete, zu meinem

Prophylaxetermin aufgerufen zu werden. Nachdem ich mir rund 36 Fotos von schlanken Schauspielerinnen in Abendkleidern angesehen hatte, öffnete sich die Tür, und die nette Sprechstundenhilfe in ihrem adretten weißen Kittel rief mich zu sich. Ich legte die Zeitung zur Seite, beugte mich sitzend nach meiner Tasche auf dem Boden und wollte mit einem energischen Ruck aufstehen. Ich konnte ja nicht ahnen, dass mein Hintern inzwischen eine Symbiose mit dem Sitz eingegangen war! So stand ich plötzlich vor der Arzthelferin und hatte gleichzeitig noch den Stuhl an meinem Hinterteil hängen ... Oh mein Gott! Mit hochrotem Kopf und Tränen der Verzweiflung in den Augen fummelte ich das Biest aus Hartplastik von meinem Körper und folgte der Helferin, die aus Höflichkeit zu Boden blickte und die Contenance behielt, ins Behandlungszimmer. Das Resultat: Meinen Zähnen ging es gut, meinem Selbstbewusstsein nicht mehr. Was die Arzthelferin abends wohl ihrem Freund berichtet hat, will ich mir gar nicht ausmalen. In den Momenten, in denen ich all diese Geschichten erlebte, traf es mich ganz schön hart. Aber inzwischen kann ich darüber lachen. Denn ich weiß, nicht das Gewicht allein macht einen Menschen aus. Schmale Schenkel, ein flacher Bauch und straffe Oberarme machen nicht zwangsläufig attraktiv, sondern Humor, Intelligenz und Liebenswürdigkeit. Und manchmal hilft es, sich selbst nicht ganz so wichtig zu nehmen. Schließlich kann es ja immer noch schlimmer kommen.

Von Stefani Müller, Anti-Diät-Club-Mitglied. Ihr ist jetzt übrigens wieder eingefallen, warum sie unbewusst immer einen großen Bogen um Autowerkstätten und Zahnarztpraxen macht.

In unserem tiefsten Inneren wissen wir doch eigentlich alle, wie es geht mit dem Abnehmen. Wer mehr verbrennt, als er zu sich nimmt, ist auf dem richtigen Weg. Das bedeutet also: Weniger essen, mehr bewegen, weniger Fast Food, häufiger kochen, weniger selbst auferlegter Stress, mehr Obst und Gemüse – das alles führt langfristig zum Ziel. Logisch und einleuchtend erscheint uns das, nur die Umsetzung im Alltag, die ist schwer. Wir verändern unser Verhalten nämlich auf Dauer nur dann, wenn wir einen direkten Nutzen aus der neuen Gewohnheit ziehen. Wenn wir etwa unser Wohlbefinden mit der neuen Lebensweise erheblich steigern oder unseren Gesundheitszustand merklich verbessern. Nur wenn ich selbst an meinem Körper spüre, wie gut mir der wöchentliche Gang zum Schwimmbad tut oder das Essen eines frischen knackigen Salats, dann bin ich wirklich motiviert, dieses Verhalten auch dauerhaft beizubehalten. Andernfalls ist die Gefahr groß, dass ich schnell wieder aufgebe. Wenn ich für längere Zeit gespürt habe und vergleichen kann, das tut meinem Körper gut und das nicht, habe ich am ehesten die Motivation, dauerhaft etwas an meinen Gewohnheiten zu ändern, denn dann profitiere ich ja direkt davon.

Doch damit es überhaupt so weit kommt, müssen Sie anfangen. Trauen Sie sich den Erfolg zu. Geben Sie Gas. Aber seien Sie dabei gnädig zu sich selbst. Abnehmen mal anders: Anstatt vor dem Spiegel nach Cellulitis-Dellen zu suchen, warum sich nicht einfach immer wieder sagen: Ich bin gut. Ich mag mich. Ich stehe zu mir, und ich nehme mich an. Ich mag meinen Körper, weil er non-stop 24 Stunden etwas für mich leistet. Und über meine krummen Zehen und die blasse Gesichtshaut sehe ich großzügig hinweg.

Wer sich selbst akzeptiert, hat mehr vom Leben. Sie werden lockerer. Und andere Leute werden Ihnen diese Gelassenheit ansehen. Wer sich dagegen die Hälfte des Tages nur mit Essen, Kalorien und vermeintlichen Dickmachern beschäftigt, wird und wirkt unentspannt. »Die Beschäftigung mit dem Abnehmen ist ein Glücksfresser«, schreibt Susanne Fröhlich in »Und ewig grüßt das Moppel-Ich«. Sie hat recht.

Essen Sie, wenn Sie Hunger haben, essen Sie das, worauf Sie Lust haben, genießen Sie die Mahlzeit, und lassen Sie es danach aber auch wieder gut sein. Ihre Gedanken müssen nicht ständig um Nahrungsmittel kreisen. Entspannen Sie sich – und wenn das einmal doch nicht klappen sollte, lachen Sie über sich selbst. Das Leben ist schön. Und traurig und lustig und spannend und langweilig und manchmal auch anstrengend. Wer sich selbst akzeptieren kann, der ist zufrieden und hat – trotz Rückschlägen, die immer wieder auftauchen werden – große Chancen, dauerhaft glücklich zu werden.

Denn von dem Mythos, dass Dünne automatisch glücklicher durchs Leben gehen, haben Sie sich längst verabschiedet. Sie wissen, dass es in erster Linie nicht auf den Durchmesser Ihrer Oberschenkel, sondern auf Ihre Ausstrahlung ankommt. Wer sich selbst mag – mit allen Fältchen und vermeintlichen Schönheitsfehlern, die in Wahrheit einen Menschen erst ausmachen – der strahlt das auch aus.

Also, bitte nicht zu viel nörgeln am eigenen Körper. Ab und zu über die eigenen kleinen Makel zu lachen ist herrlich befreiend. Und wer das schlichtweg nicht kann, weil er sich wirklich überhaupt nicht mehr wohlfühlt in seiner Haut, muss etwas dagegen tun: aktiv werden und sein Verhalten dauerhaft ändern.

Glücklicher als Kleidergröße 36 machen Wertschätzung und Dankbarkeit. Schön zusammengefasst hat das der »Kölner Stadt-Anzeiger«-Astrologe Jan Reimer in seinem Horoskop vom 4. September 2009 – übrigens für das Sternzeichen

Zwilling: »Wenn Sie gesund sind, etwas zu essen und zu trinken haben und jemand da ist, der Sie wärmt, dann sind Sie reich.« Auch mit ein paar Gramm zu viel an Popo und Oberarmen. Was attraktiv macht, sind nicht perfekte Körpermaße, sondern Authentizität, Ausgeglichenheit und Begeisterungsfähigkeit. Wer glücklich und mit sich im Reinen ist, strahlt von innen, und das macht automatisch attraktiv.

Also gehen Sie Ihr Abnehmvorhaben gelassen an. Vielleicht müssen Sie objektiv betrachtet ja auch gar nicht abnehmen. Vielleicht hat sich dieser Gedanke einfach nur festgesetzt in Ihrem Kopf. Vielleicht wäre es viel wichtiger, Sie würden etwas für Ihr seelisches Wohlfühlgewicht tun. Mal wieder richtig lachen. Eine Freundin treffen, mit der Sie schon Monate nicht mehr gesprochen haben. Ins Theater oder ins Kino gehen. Im Chor singen, mal wieder ein gutes Buch lesen. Nehmen Sie sich selbst wichtig, geben Sie sich selbst als Person Gewicht. Dazu brauchen Sie die Pfunde auf der Waage nicht.

Wir alle müssen und dürfen jeden Tag essen, mehrmals sogar, und deshalb sollte uns unsere Nahrung auch wichtig sein. Unser Dieselauto betanken wir schließlich auch nicht mit Benzin, unserem Körper dagegen muten wir oft genug Lebensmittel zu, die ihm nicht guttun. Fangen Sie wieder an, auf seine Signale zu hören. Ich merke inzwischen schnell, wenn das Brötchen mit dem großen Stück Pizzaleberkäse oder die belgischen Pommes auf dem Weihnachtsmarkt zu fett und zu viel waren. Das Essen liegt mir dann wie ein Stein im Magen und ich fühle mich unwohl. Gut, ich gebe zu, das hält mich nicht unbedingt davon ab, dasselbe Gericht in ein paar Wochen wieder zu essen. Aber meist erinnere ich mich dann daran und genehmige mir von Beginn an eine kleinere Portion. Denn wenn wir ehrlich sind, wird der Geschmack mit der Anzahl der Bissen ja nicht besser.

Shoppingcenter, Einkaufstempel, Ebay: Wir leben in einer Konsumgesellschaft und geben so viel Geld für Unsinn aus. Wir kaufen Sachen, die wir nicht brauchen, die oft bald wieder ungenutzt in den Keller- oder Abstellkammerregalen landen. Warum nicht lieber an den unnützen Sachen sparen und dafür an der richtigen Stelle ein paar Cent mehr ausgeben – bei unseren Einkäufen im Supermarkt oder auf dem Wochenmarkt? Für Lebensmittel, die uns wirklich schmecken und die unserem Körper Energie geben und guttun.

Das alles klingt so einfach, doch die tägliche Umsetzung im Alltag ist eine immer wiederkehrende Herausforderung. Klar ist: Wer abnehmen will, muss planen, besonders den eigenen Lebensmitteleinkauf. Viele von uns stillen ihren Hunger unter anderem auch deswegen oft mit schnell verfügbaren Fertiggerichten, weil gerade nichts anderes im Haus ist. Wir gehen zur Dönerbude, weil der Kühlschrank leer ist. Von daher macht es Sinn, immer einen gewissen Vorrat für schnelle und schlanke Gerichte zu Hause zu haben. Eier, Tomaten, Hüttenkäse, Gurken – daraus lässt sich ruck, zuck ein prima Abendessen zaubern.

Über die Attribute lecker und gesund lässt sich streiten, nicht aber über das richtige Maß. Die Menge, die Dosis macht das Gift. Sie brauchen keine XXL-Portionen, lassen Sie Überflüssiges, lassen Sie das Zuviel in Zukunft weg. Auch wenn Ihnen all die neuen vielversprechenden Industrieprodukte noch so häufig in der Werbung angepriesen werden. Das meiste davon brauchen Sie nicht. »Mäßigung ist der beste Arzt«, sagt auch Anti-Diät-Club-Pate Dr. Erich Haug. Mal darf es ein bisschen mehr sein, dann sollte wieder ein wenig gebremst werden. Und schon sind Sie wieder in der Spur.

Abnehmen mal anders geht so: Sie fragen sich in Zukunft nicht mehr »Was darf oder soll ich essen?« Diese Zeiten sind vorbei. Viel wichtiger und effektiver ist die Frage: »Was tut mir gut?« Werden Sie sensibel für die Ansprüche Ihres Körpers. Wenn der Wille und das Ziel wirklich da sind, dann kann es mit dem Abnehmen auch klappen. Und zwar nicht mit einer Drei-Wochen-Diät, sondern mit einer langfristigen Lebensumstellung. Fangen Sie einfach an.

Gründen Sie Ihren persönlichen Anti-Diät-Club. In Ihrem Herzen, nur für Sie, nur für sich selbst. Schreiben Sie sich Genuss, Bewegung und gutes Essen auf die Fahnen. Und Sie werden sehen: Sie nehmen ab.

Lassen Sie dabei den Spaß nicht zu kurz kommen, und passen Sie gut auf sich auf.

Herzlichst, Ihre Christina Horn

KALORIENBEWUSSTE KÖLSCHE KOCH-REZEPTE

Rheinischer Schwarzbrotpudding mit Kölschschaum
für 6 Personen:

Zutaten für den Pudding:
4 Eier, 60 g Korinthen, 120 g altes Schwarzbrot (gerieben und gesiebt), 85 g Butter, 85 g Zucker, Zimt, gemahlene Nelke, Kardamom, Rum, geriebene Zitrone

Zutaten für den Kölschschaum:
4 Eigelbe, 20 g Zucker, 60 ml Weißwein, 125 ml Kölsch

Zubereitung:
Die weiche Butter und vier Eigelbe mit den Gewürzen schaumig schlagen. Korinthen und Schwarzbrot hinzufügen. Vier Eiklar mit dem Zucker zu einem festen Schnee schlagen und unter die Buttermasse ziehen. Dann den Rum zugeben und in sechs kleine gut gebutterte, mit Zucker ausgestreute Formen geben. 20 bis 25 Minuten im Wasserbad im Backofen bei 200 Grad backen.

Für den Schaum vier Eigelbe mit Zucker und Weißwein im Wasserbad schaumig schlagen. Kölsch hinzufügen und so lange aufschlagen, bis es abgebunden hat. Kölschschaum auf Tellern anrichten und den aus den Formen gelösten warmen Pudding darauf anrichten. Nach Geschmack mit Beeren und gehackten Pistazien garnieren.

Dieses Rezept klappt auch mit anderen Biersorten.

Edelsauerbraten vom Hirschkalbsrücken rückwärts gebraten

für 6 Personen:

Zutaten:

1 kg Hirschkalbsrücken ausgelöst, 1 EL Olivenöl, 20 ml Rapsöl, 50 g Pumpernickel, 50 g Pinienkerne, 1 EL Senf, 1 EL Rübenkraut, Salz und Pfeffer nach Geschmack, 1 Knoblauchzehe

Für die Beize:

0,5 l Rotwein, 0,25 l Rotweinessig, 1 EL Zucker, 1 Zwiebel, 1 Karotte, 100 g Sellerie, 2 Lorbeerblätter, Thymian, Pfefferkörner, Wacholderbeeren, 1 Apfel

Zubereitung:

Den geputzten Hirschkalbsrücken in gleichmäßige Steaks schneiden und leicht platt klopfen. Das Gemüse grob würfeln und mit dem Essig, dem Rotwein und den restlichen Zutaten der Beize kurz aufkochen und lauwarm über das Fleisch geben. Das Ganze 24 Stunden ziehen lassen. Anschließend das Fleisch und das Gemüse gut abtropfen lassen. Das Fleisch dann bei 80 Grad im Backofen sanft garen, etwa eine Stunde. Nach dem Sanftgaren das Fleisch mit Senf und Rübenkraut bestreichen, salzen und pfeffern und mit der zerdrückten Knoblauchzehe in schäumender Butter von beiden Seiten anbraten. Das Gemüse in einem separaten Topf anschwitzen und mit der Beize ablöschen, dann gut 30 Minuten einkochen. Das Pumpernickel fein reiben und zu dem Sud geben, weitere 15 Minuten einkochen. Die Soße durch ein Sieb passieren, abschmecken und eventuell mit etwas angerührtem Mondamin andicken. Die Pinienkerne ohne Fett in der Pfanne rösten und in die Soße geben. Dann die rosa gebratenen Steaks auf der Soße anrichten.

Himmel un Ääd mit gebratener Rehleber, Zwiebelconfit und Balsamico-Jus (Dieses und die beiden vorangegangenen Rezepte stammen von Anti-Diät-Club-Kochkurskoch Michael van der Zypen) für 6 Personen:

Zutaten für Himmel und Ääd:
400 g mehligkochende Kartoffeln, Salz, 1 Zwiebel, 100 g Butter, 200 ml Milch, 1 EL geschlagene Sahne, frisch geriebene Muskatnuss, 100 ml Weißwein, 4 EL klein gewürfelter Apfel (zum Beispiel Jonagold), 1 TL Zucker, 1 Prise Zimt, 1 EL Olivenöl, 300 g Reh- oder Kalbsleber, Salz und frisch gemahlener Pfeffer nach Geschmack

Zutaten für das Zwiebelconfit:
1 große rote Zwiebel, 1 EL Olivenöl, 1 Zitrone, 225 ml Rotwein, Salz und Zucker nach Geschmack

Zutaten für den Balsamico-Jus:
0,5 l Kalbsfonds, 3 EL Balsamico-Essig, Salz, frisch gemahlener Pfeffer und Zucker nach Geschmack, 50 g Butter

Zubereitung:
Für das Zwiebelconfit die rote Zwiebel schälen und in feine Würfel schneiden. Die Zwiebelwürfel in Öl glasig dünsten und mit Rotwein ablöschen. Die Mischung sirupartig einkochen lassen, die Zwiebeln sollen weich werden. Mit etwas Salz, Zucker und einem Spritzer Zitronensaft abschmecken.

Für den Balsamico-Jus den Fond einkochen lassen. Den Essig und die kalte Butter dazugeben, mit dem Mixer aufschäumen und mit Zucker, Salz und Pfeffer abschmecken.

Die Kartoffeln schälen und in Salzwasser etwa 20 Minuten kochen, abgießen und durch die Kartoffelpresse drücken. Die

Zwiebeln schälen, in Würfel schneiden und in der Butter anschwitzen. Zuerst die Butter mit den Zwiebeln zu den Kartoffeln geben, dann die Masse mit einem Holzlöffel glatt rühren. Anschließend die erhitzte Milch dazugeben und ebenfalls glatt rühren. Die geschlagene Sahne unterheben, mit Salz und Muskatnuss abschmecken. Es soll ein cremig-weiches Püree entstehen. Die Apfelwürfel mit dem Weißwein und Zucker einmal aufkochen lassen, dann mit Zimt abschmecken und zur Seite stellen. Die enthäutete und in Scheiben geschnittene Leber wird in Mehl gewendet und dann in einer Pfanne von beiden Seiten gut 4 Minuten goldgelb gebraten. Die Leber schön langsam bei kleiner Hitze braten und erst später salzen, da sie sonst trocken wird.

Zum Anrichten auf die Teller zuerst einen großen Löffel Püree geben und dann auf dem Püree je einen Löffel Apfelkompott und etwas Zwiebelconfit anrichten. Zuletzt den Balsamico-Jus angießen und die Leber darauf setzen.

Impressionen von Harzer Käse und Blutwurst
(Rezept von Anti-Diät-Club-Kochkurskoch Thomas Porschen) für 4 Personen:

Zutaten Käsedressing:
50 ml Apfelessig, 30 ml Weißwein, 50 ml Olivenöl, 50 ml Haselnussöl, Salz, Pfeffer, Crema de Balsamico, Zitronensaft, Thymian (gehackt), Petersilie (gehackt), Schnittlauch fein geschnitten, Tomatenwürfel (enthäutet, ohne Kerne)

Zutaten Salatdressing:
50 ml Apfelessig, 50 ml Olivenöl, 50 ml Bärlauchöl, Salz, Pfeffer, Crema de Balsamico, Zitronensaft, Thymian gehackt, Sahne

Außerdem:
je 50 g Feld-, Rucola-, Lollo Rosso und Radicchio-Salat, 12 kleine Scheiben Harzer Käse, 20 g gehobelte Haselnüsse, 200 g Blutwurst, Mehl zum Bestäuben, Paprikapulver, 1 Gemüsezwiebel, 2 Äpfel, Petersilie, Crema de Balsamico

Zubereitung Käsedressing:
Den Apfelessig, die Öle, Crema de Balsamico, Zitronensaft, Weißwein, die gehackten Kräuter, Salz und Pfeffer miteinander verrühren. Am Schluss die Tomatenwürfel hinzugeben.

Zubereitung Salatdressing:
Apfelessig mit Salz und Pfeffer verrühren, Öle, Balsamico, Sahne, Zitronensaft und Thymian zugeben und alles gut aufschlagen.

Die Salate putzen und waschen. Dann den Harzer Käse in eine Form geben. Das Käsedressing hinzugeben und alles über Nacht ziehen lassen. Die Blutwurst in Scheiben schneiden, mit Mehl bestäuben und in einer heißen Pfanne ausbacken. Die Zwiebel in Scheiben schneiden, in Mehl und Paprikapulver wenden und in der Pfanne anschwitzen. Die Äpfel in Spalten schneiden und in der Pfanne braten. Die Salate auf Tellern anrichten, mit dem Salatdressing beträufeln. Den marinierten Harzer Käse auf einer Seite des Tellers anrichten, die gehobelten Haselnüsse in der Pfanne rösten und über den Käse streuen. Die Blutwurst auf die andere Seite des Tellers geben. Auf die Blutwurst die Zwiebelschmelze und die Apfelspalten geben. Mit Petersilie und Crema de Balsamico garnieren.

Hinweis

Die Gedanken, Tipps und Anregungen in diesem Buch stellen die Meinung und Erfahrung der Verfasserin dar. Sie wurden von der Autorin nach bestem Wissen erstellt und geprüft. Sie ersetzen jedoch keine ärztliche Beratung oder Therapie. Weder die Autorin noch der Verlag können für eventuelle Schäden, die aus den Hinweisen im Buch resultieren, haftbar gemacht werden.

Ein Dankeschön

Danke sagen möchte ich Stefani Müller für ihre wunderbaren Adipösen Anekdötchen, allen Experten, Clubabend-Referenten und Interviewpartnern für die Zeit, die sie sich für mein Buch genommen haben, meinem Mann und meiner Familie für die großartige Unterstützung und nicht zuletzt allen Anti-Diät-Club-Interessierten und Mitgliedern, die dieses Buch erst möglich gemacht haben.

■DUMONT TASCHENBÜCHER

Altmann, Andreas: Im Land der Freien. Mit dem Greyhound durch Amerika (6124)
Alvtegen, Karin: Die Flüchtige. Kriminalroman (6137)
Alvtegen, Karin: Schuld. Kriminalroman (6105)
Auchincloss, Louis: East Side Story. Roman (6135)
Bönt, Ralf: Icks. Roman (6134)
Dowlatow, Sergej: Der Koffer. Roman (6116)
Friedrichs, Ralf: Am Schluss haben wir nur noch für die Angestellten gearbeitet. Roman (6107)
Gesing, Fritz: Kreativ Schreiben. Handwerk und Techniken des Erzählens (6119)
Goeudevert, Daniel: Das Seerosen-Prinzip. Wie uns die Gier ruiniert (6108)
Gombrich, Ernst H.: Eine kurze Weltgeschichte für junge Leser (6109)
Hamilton, Steve: Blind River. Kriminalroman (6140)
Heinrich, Susanne: So, jetzt sind wir alle mal glücklich. Roman (6106)
Hennig von Lange, Alexa: Peace. Roman (6110)
Hettche, Thomas: Der Fall Arbogast. Kriminalroman (6111)
Horn, Christina: Der Anti-Diät-Club (6120)
Karremann, Manfred: Es geschieht am helllichten Tag. Die verborgene Welt der Pädophilen und wie wir unsere Kinder vor Missbrauch schützen (6142)
Kluger, Martin: Abwesende Tiere. Roman (6131)
Koneffke, Jan: Paul Schatz im Uhrenkasten. Roman (6139)
Kredelbach, Thomas: Fünf Millionen Lösegeld. Kriminalroman (6113)

Kugler, Walter: Rudolf Steiner und die Anthroposophie. Eine Einführung in sein Lebenswerk (6138)
Kuhrt, Nicola / Meichsner, Irene: Warum kriegt der Specht kein Kopfweh? Geheimnisse des Alltags und ihre verblüffenden Erklärungen (6118)
Kruck, Peter: Besseres Deutsch (6125)
Le Clézio, J. M. G.: Der Afrikaner (6104)
Lehnen, Claudia: Meine Freundin Britta (6114)
Leky, Mariana: Liebesperlen. Erzählungen (6117)
Louis, Chantal: Monika Hauser. Eine Ärztin im Einsatz für kriegstraumatisierte Frauen (6121)
Mazzantini, Margaret: Geh nicht fort. Roman (6130)
McGilloway, Brian: Borderlands. Kriminalroman (6112)
Miehe, Ulf: Puma. Roman (6103)
Mills, Jenni: Grab aus Stein. Roman (6115)
Mingels, Annette: Die Liebe der Matrosen. Roman (6101)
Murakami, Haruki: Schlaf (6136)
Murakami, Haruki: Sputnik Sweetheart. Roman (6100)
Neven DuMont, Alfred: Reise zu Lena. Roman (6129)
O'Riordan, Kate: Steine der Erinnerung. Roman (6123)
Ramadan, Jasmin: Soul Kitchen. Roman (6132)
Schwabe, Winfried: Dürfen Männer im Stehen pinkeln? Verrücktes aus der Welt des Rechts (6127)
Stadler, Arnold: Ein hinreissender Schrotthändler. Roman (6102)
Wittenborn, Dirk: Bongo Europa. Memoiren eines zwölfjährigen Sexbesessenen. Roman (6133)
Zöllner, Martina: Hundert Frauen. Roman (6141)